Direito constitucional tributário

volume 2

Central de Qualidade — FGV Management
ouvidoria@fgv.br

SÉRIE DIREITO TRIBUTÁRIO

Direito constitucional tributário

volume 2

Joaquim Falcão
Sérgio Guerra
Rafael Almeida

Organizadores

Copyright © 2015 Joaquim Falcão; Sérgio Guerra; Rafael Almeida

Direitos desta edição reservados à
EDITORA FGV
Rua Jornalista Orlando Dantas, 37
22231-010 — Rio de Janeiro, RJ — Brasil
Tels.: 0800-21-7777 — 21-3799-4427
Fax: 21-3799-4430
e-mail: editora@fgv.br — pedidoseditora@fgv.br
web site: www.fgv.br/editora

Impresso no Brasil / *Printed in Brazil*

Todos os direitos reservados. A reprodução não autorizada desta publicação, no todo ou em parte, constitui violação do copyright (Lei nº 9.610/98).

Os conceitos emitidos neste livro são de inteira responsabilidade dos autores.

1ª edição — 2015.

Coordenação editorial e copidesque: Ronald Polito
Editoração eletrônica: FA Editoração Eletrônica
Revisão: Marco Antonio Corrêa e Victor da Rosa
Capa: aspecto:design

**Ficha catalográfica elaborada pela
Biblioteca Mario Henrique Simonsen/FGV**

Direito constitucional tributário, v.2 / Joaquim Falcão, Sérgio Guerra, Rafael Almeida (Org.). - Rio de Janeiro : Editora FGV, 2015.
188 p. — (Direito tributário (FGV Management))

Publicações FGV Management.
Inclui bibliografia.
ISBN: 978-85-225-1720-6

1. Direito tributário. 2. Direito constitucional. I. Falcão, Joaquim, 1943- . II. Guerra, Sérgio, 1964- . III. Almeida, Rafael. IV. Fundação Getulio Vargas. V. FGV Management. VI. Série.

CDD — 341.39

Nossa missão é construir uma escola de direito referência no Brasil em carreiras públicas e direito empresarial, formando lideranças para pensar o Brasil a longo prazo e ser referência no ensino e na pesquisa jurídica para auxiliar o desenvolvimento e avanço do país.

FGV DIREITO RIO

Sumário

Apresentação 11

Introdução 13

1 | Princípio da isonomia/capacidade contributiva 15
   Roteiro de estudo 15
      1. Disciplina normativa do princípio da isonomia 15
      2. Histórico 17
      3. Equidade na tributação 19
      4. Capacidade contributiva no direito brasileiro 22
         4.1 O "caráter pessoal" 24
         4.2 A expressão "sempre que possível" 25
         4.3 A "capacidade econômica do contribuinte" 27
            4.3.1 O conteúdo do princípio da capacidade contributiva 33
         4.4 "Impostos" 34
      5. Isonomia e capacidade contributiva na jurisprudência do STF 36
   Questões de automonitoramento 39

2 | Princípio da irretroatividade/princípio da anterioridade 41
Roteiro de estudo 41
   1. Introdução 41
   2. O princípio da anterioridade 42
      a) A origem do princípio no texto constitucional 42
      b) Conceito 46
      c) Da aplicação do princípio 51
      d) O princípio da noventena 53
      e) Outras questões sobre o princípio da anterioridade 57
         (i) O caso do Imposto de Renda 57
         (ii) Revogação de isenção 59
         (iii) Norma mais favorável ao contribuinte 62
         (iv) Medidas provisórias 63
   3. O princípio da irretroatividade 67
      a) A origem do princípio no texto constitucional 67
      b) Conceito 69
Questões de automonitoramento 76

3 | Confisco, liberdade de tráfego, outros princípios 77
Roteiro de estudo 77
   1. Princípio do não confisco 77
   2. Princípio da liberdade de tráfego 86
   3. Princípio da proteção à confiança legítima 89
   4. Princípio da neutralidade 98
   5. Princípio da praticidade 101
      5.1 Substituição tributária progressiva 105
Questões de automonitoramento 111

4 | Imunidades 113
Roteiro de estudo 113
   1. Imunidade tributária 113
      1.1 As imunidades do art. 150, inciso VI, da CRFB/1988 124

1.2 A imunidade recíproca 125
   1.2.1 As empresas públicas e as sociedades de economia mista prestadoras de serviço público de prestação obrigatória e exclusiva do Estado e a imunidade recíproca 130
1.3 As imunidades dos templos de qualquer culto 131
1.4 Imunidades dos partidos políticos e suas fundações 135
1.5 As imunidades das entidades sindicais dos trabalhadores e das instituições de educação e assistência social 136
   1.5.1 As entidades sindicais dos trabalhadores 136
   1.5.2 As instituições de educação 137
   1.5.3 As instituições de assistência social 140
1.6 Imunidades aos livros, jornais, periódicos e papel destinado à sua impressão 145
   1.6.1 Periódicos 151
   1.6.2 A imunidade do papel de imprensa e outros "insumos" 153
   1.6.3 As imunidades dos fonogramas e videofonogramas musicais 158
1.7 Outras imunidades 159
   1.7.1 A imunidade do art. 149, §2º, I, da CRFB/1988 160
   1.7.2 A imunidade do art. 153, §3º, III, da CRFB/1988 160
   1.7.3 A imunidade do art. 153, §4º, II, da CRFB/1988 161
   1.7.4 A imunidade do art. 155, §2º, inciso X, alínea "a", da CRFB/1988 161
      1.7.4.1 A imunidade do art. 155, §2º, inciso X, alínea "b", da CRFB/1988 162

1.7.4.2 A imunidade do art. 155, §2º, inciso X, alínea "c", da CRFB/1988   162
1.7.4.3 A imunidade do art. 155, §3º, da CRFB/1988   163
1.7.4.4 A imunidade do art. 156, inciso II, da CRFB/1988   164
1.7.4.5 A imunidade do art. 156, §2º, inciso I, da CRFB/1988   164
1.7.4.6 A imunidade do art. 184, §5º, da CRFB/1988   165
1.7.4.7 A imunidade do art. 195, §7º, da CRFB/1988   165
1.7.4.8 As imunidades e os deveres tributários   165
Questões de automonitoramento   166

5 | Sugestões de casos geradores   167
Princípio da isonomia/capacidade contributiva (cap. 1)   167
Princípio da irretroatividade/princípio da anterioridade (cap. 2)   168
Confisco, liberdade de tráfego, outros princípios (cap. 3)   168
Imunidades (cap. 4)   169
Caso 1   169
Caso 2   169

Conclusão   171

Referências   173

Organizadores   179

Colaboradores   181

Apresentação

Aliada à credibilidade de mais de meio século de excelência no ensino de economia, administração e de outras disciplinas ligadas à atuação pública e privada, a Escola de Direito do Rio de Janeiro da Fundação Getulio Vargas — FGV DIREITO RIO — iniciou suas atividades em julho de 2002. A criação dessa nova escola é uma estratégia da FGV para oferecer ao país um novo modelo de ensino jurídico capaz de formar lideranças de destaque na advocacia e nas carreiras públicas.

A FGV DIREITO RIO desenvolveu um cuidadoso plano pedagógico para seu Programa de Educação Continuada, contemplando cursos de pós-graduação e de extensão. O programa surge como valorosa resposta à crise do ensino jurídico observada no Brasil nas últimas décadas, que se expressa pela incompatibilidade entre as práticas tradicionais de ensino do direito e as demandas de uma sociedade desenvolvida.

Em seu plano, a FGV DIREITO RIO assume o papel de formar profissionais preparados para atender às reais necessidades e expectativas da sociedade brasileira em tempos de globalização. Seus cursos reforçam o comprometimento da escola em inserir no mercado profissionais de direito capazes de lidar com áreas interdisciplinares, dotados de uma visão ampla das questões jurídicas e com sólidas bases acadêmica e prática.

A Série Direito Tributário é um importante instrumento para difusão do pensamento e do tratamento dado às modernas teses e questões discutidas nas salas de aula dos cursos de MBA e de pós-graduação, focados no direito tributário, desenvolvidos pela FGV DIREITO RIO.

Dessa forma, esperamos oferecer a estudantes e advogados um material de estudo que possa efetivamente contribuir com seu cotidiano profissional.

Introdução

Este segundo volume dedicado ao estudo de direito constitucional tributário tem origem em profunda pesquisa e sistemática consolidação dos materiais de aula acerca de temas que despertam crescente interesse no meio jurídico e reclamam mais atenção dos estudiosos do direito. A intenção da Escola de Direito do Rio de Janeiro da Fundação Getulio Vargas é tratar de questões atuais sobre o tema, aliando a dogmática e a pragmática jurídicas.

A obra aborda, de forma didática e clara, os conceitos e princípios de direito constitucional tributário, analisando as questões em face das condições econômicas do desenvolvimento do país e das discussões recentes sobre o processo de reforma do Estado.

O material aqui apresentado abrangerá assuntos relevantes, como:

- princípio da isonomia/capacidade contributiva;
- princípio da irretroatividade/princípio da anterioridade;
- confisco, liberdade de tráfego, outros princípios;
- imunidades.

Em conformidade com a metodologia da FGV DIREITO RIO, cada capítulo conta com o estudo de *leading cases* para auxiliar na compreensão dos temas. Com ênfase em casos práticos, pretendemos oferecer uma análise dinâmica e crítica das normas vigentes e sua interpretação.

Esperamos, assim, fornecer o instrumental técnico-jurídico para os profissionais com atuação ou interesse na área, visando fomentar a proposição de soluções criativas para problemas normalmente enfrentados.

1

Princípio da isonomia/capacidade contributiva

Roteiro de estudo

1. Disciplina normativa do princípio da isonomia

O art. 150, inciso II, da CRFB/1988[1] é o dispositivo fundamental da isonomia tributária. Em sua primeira parte, o referido dispositivo veda aos entes públicos que instituam tratamento tributário desigual entre contribuintes que estejam em situação equivalente, numa verdadeira reafirmação do princípio da igualdade[2] já erigido

---

[1] Constituição da República Federativa do Brasil de 1988: Art. 150. Sem prejuízo de outras garantias asseguradas ao contribuinte, é vedado à União, aos Estados, ao Distrito Federal e aos Municípios:
II — instituir tratamento desigual entre contribuintes que se encontrem em situação equivalente, proibida qualquer distinção em razão de ocupação profissional ou função por eles exercida, independentemente da denominação jurídica dos rendimentos, títulos ou direitos.
[2] Vale recordar que a igualdade, segundo Humberto Ávila, não necessariamente virá materializada na forma de princípio, pois ela "[...] pode funcionar como regra, prevendo a proibição de tratamento discriminatório; como princípio, instituindo um estado igualitário como fim a ser promovido; e como postulado, estruturando a aplicação do direito em função de elementos (critério de diferenciação e finalidade da distinção) e

no art. 5º da CRFB/1988.³ A segunda parte do dispositivo, que muitos autores (como Luciano Amaro) consideram redundante, possui uma explicação histórica, vez que teve como objetivo a revogação de privilégios odiosos relativos ao Imposto de Renda em favor de ocupantes de cargos públicos (como os magistrados, por exemplo), privilégios consentidos pela formulação da regra do art. 21, inciso IV, da Constituição de 1967-69.⁴

Os contribuintes, geralmente, se encontram em situações distintas à luz dos casos concretos. Em princípio, cabe ao juízo político do legislador avaliar se determinadas situações são semelhantes ou diferentes entre si para fins de receberem ou não um mesmo tratamento tributário. Tal necessidade se dá porque a noção de igualdade tributária "[...] é *vazia*, repudiando as discriminações tributárias, afastadas da fundamentação ética dos valores",⁵ sendo liberdade, segurança, justiça e solidariedade os valores ou ideias básicas do direito que preenchem o referido vazio.⁶ Ao Poder Judiciário caberá o controle da regulamentação legislativa, momento em que poderá agir, caso constate violação à igualdade.

Os tribunais consideram que o princípio da igualdade possui efeito vinculante para o Poder Legislativo, para o Poder

---

da relação entre eles (congruência do critério em razão do fim)." (ÁVILA, Humberto. *Teoria dos princípios*: da definição à aplicação dos princípios jurídicos. 12. ed. São Paulo: Malheiros, 2011. p. 162)

³ Constituição da República Federativa do Brasil de 1988: Art. 5º Todos são iguais perante a lei, sem distinção de qualquer natureza, garantindoo-se aos brasileiros e aos estrangeiros residentes no País a inviolabilidade do direito à vida, à liberdade, à igualdade, à segurança e à propriedade, nos termos seguintes: [...].

⁴ Art. 21. Compete à União instituir imposto sobre:
IV — renda e proventos de qualquer natureza, salvo ajuda de custo e diárias pagas pelos cofres públicos na forma da lei.

⁵ TORRES, Ricardo Lobo. *Tratado de direito constitucional financeiro e tributário*: valores e princípios constitucionais tributários. Rio de Janeiro: Renovar, 2005. v. II, p. 153.

⁶ Cf. ibid., v. II, p. 41, TIPKE, Klaus; YAMASHITA, Douglas. *Justiça fiscal e princípio da capacidade contributiva*. São Paulo: Malheiros, 2002. p. 24; RIBEIRO, Ricardo Lodi. *Limitações constitucionais ao poder de tributar*. Rio de Janeiro: Lumen Juris, 2010. p. 56; ÁVILA, Humberto. *Teoria dos princípios*, 2011, op. cit., p. 162.

Executivo e também para o próprio Poder Judiciário, consolidando, dessa forma, a aplicação da "igualdade perante a lei" e da "igualdade na lei". A primeira expressão, qual seja, a "igualdade perante a lei", significa respeito e aplicação imparcial da lei, é a igualdade formal.[7] Já a "igualdade na lei" significa que, no próprio conteúdo da lei, todos devem ser tratados de maneira não discriminatória e não arbitrária; é o que se convencionou chamar de igualdade material.

Comumente, os tribunais consideram que viola a igualdade quando, ausente motivo razoável, é dado tratamento diferenciado[8] a casos que tratam do mesmo tema. Nesse sentido, no direito tributário o tratamento de contribuintes que se encontram em situações jurídicas parecidas deve ser diferente um do outro apenas se possuir um fundamento racional e compatível com as demais normas e princípios da CRFB/1988; por isso o intérprete quase sempre deve avaliar também o conteúdo e o alcance de normas constitucionais não tributárias.

2. Histórico

A luta pela igualdade sempre foi um pleito constante ao longo da história, tendo sido ela, por conseguinte, o estopim de inúmeras revoluções. Na Europa, por exemplo, a Revolução Francesa, com sua tríade "liberdade, igualdade e fraternidade", com início em 14 de julho de 1789, fora de suma importância

---

[7] Conforme bem assevera Hans Kelsen: "igualdade perante a lei não é assim igualdade, mas adequação à norma (*Normgemä heit*)". (apud ÁVILA, Humberto. *Teoria da igualdade tributária*. 2 ed. São Paulo: Malheiros, 2009. p. 76.)

[8] Segundo o jurista tedesco Klaus Tipke, o Tribunal Constitucional Federal Alemão considera que "[...] o princípio da igualdade seria ofendido quando um grupo de destinatários da lei fosse tratado distintamente apesar de não existirem, entre os diferentes grupos, diferenças de tal maneira e importância que possam justificar o tratamento desigual" (TIPKE, Klaus; YAMASHITA, Douglas. *Justiça fiscal e princípio da capacidade contributiva*, 2002, op. cit., p. 24), sendo citadas como exemplo as seguintes decisões do *Bundesverfassungsgericht (BverfGE); 84/199; 89/1*.

para o fortalecimento do conceito moderno de igualdade. Deu-se dessa forma porque o Ancien Régime francês era absolutista e ainda possuía resquícios da estrutura estamental feudalista, materializada na divisão da sociedade em clero (1º Estado), nobreza (2º Estado) e o povo (*rectius* a burguesia) (3º Estado).[9]

Com o sucesso da Revolução Francesa, da Revolução Americana, da promulgação da Declaração dos Direitos do Homem e do Cidadão, em 1789, da Constituição Francesa, em 1791, e da Constituição Americana, em 1787, o conceito de igualdade surgiu a partir de um prisma liberal pautado tão somente na igualdade formal, que pode ser resumido no aforismo "todos são iguais perante a lei".

Como consequência às mudanças históricas oitocentistas, o direito tributário também fora influenciado pelo conceito moderno de igualdade. A tributação passou a se dar de forma universal (incidente sobre todas as riquezas) e geral (tributa-se a todos). Entretanto, em razão de outras mudanças históricas e sociais,[10] a simples igualdade formal não é mais vista como plena para a manifestação da equidade, partindo-se em busca de um tratamento isonômico.[11] Atualmente, o direito tributário busca a efetivação da igualdade material, utilizando, para tanto, a extrafiscalidade e a capacidade contributiva.

Embora a preocupação com a capacidade contributiva tenha ganhado mais força com Adam Smith e sua teoria do be-

---

[9] Importa relembrar que um dos principais motivos impulsionadores da Revolução Francesa foi o fato de o 1º e o 2º Estado não pagarem impostos e ainda receberem benefícios da monarquia, enquanto isso o 3º Estado era oprimido por alta carga tributária.
[10] Referindo-se à crise do liberalismo, no pós-Segunda Guerra Mundial, ao nascimento e derrocada do estado de bem-estar social (Welfare State), do (re)nascimento e queda do neoliberalismo e atual estabilização da pós-modernidade.
[11] "Em grego 'isos' quer dizer igual, e 'nomos' quer dizer lei. O princípio da isonomia significa: a) a lei é geral, impessoal; b) o modo como a lei dispõe a respeito dos grupos de pessoas pode ser diverso, desde que não discriminatório" (CUNHA, Sérgio Sérvulo da. *Princípios constitucionais*. São Paulo: Saraiva, 2006. p. 126.)

nefício, publicado no livro *A riqueza das nações*, em 1776, é certo que, na história, há outros exemplos que servem para demonstrar a existência de uma intranquilidade anterior, podendo-se citar a determinação de Sólon, em Atenas, para separar os contribuintes em quatro grupos, de acordo com sua fortuna, ou então, na Idade Média, no *Tratado da justa exacção do tributo*, os ensinamentos do frei Pantaleão Rodrigues Pacheco no sentido de exigir que os pobres não contribuíssem igualitariamente ou mais que os ricos, ou citando Santo Tomás de Aquino e a exigência de que a tributação fosse *secundum facultatem* ou *secundum equalitem proportionis*.[12]

Portanto, o grande embate da história da tributação está em achar um meio termo equânime entre o poder de tributar e a obrigação de pagar tributos. Uma medida que assegure e proteja de forma a impedir a materialização da preocupação do *Chief Justice* John Marshall, transformada em brocardo, que, no caso McCullock v. Maryland, em 1819, afirmou "*the power to tax [is] the power to destroy*".[13]

3. Equidade na tributação

A obrigação de contribuir com o pagamento de tributos é um dever fundamental de todo cidadão.[14] Entretanto, contribuir sem a devida mensuração das peculiaridades do contribuinte não materializa equidade. Como modo de contornar essa dificuldade,

---

[12] Cf. RIBEIRO, Ricardo Lodi. *Limitações constitucionais ao poder de tributar*, 2010, op. cit., p. 141.
[13] "O poder de tributar é o poder de destruir" (tradução nossa).
[14] NABAIS, José Casalta. *O dever fundamental de pagar impostos*: contributo para a compreensão constitucional do estado fiscal contemporâneo. Coimbra: Almedina, 1998. No mesmo sentido preconiza, em seu art. 13, a Declaração dos Direitos do Homem e do Cidadão: "*Pour l'entretien de la force publique, et pour les dépenses d'administration, une contribuition commune est indispensable: elle doit être également répartie entre tous les citoyen, en raison de leurs facultés*" [g.n].

diversas são as formas utilizadas para se chegar a um *quantum* devido que levaria à justiça fiscal.

A primeira forma de equidade a ser tratada é a *Tributação per capita*. Esse formato não leva em consideração as peculiaridades do indivíduo, tributando a todos igualmente, passando ao largo de uma análise mais profunda da capacidade contributiva. Critica-se essa forma por entender que uma tributação unívoca "[...] não leva em consideração o mínimo existencial arraigado na dignidade humana. Um princípio que subtrai o mesmo montante tanto de ricos como de pobres [...] não é conciliável com o princípio do Estado Social".[15]

Outra forma é a *teoria do benefício* ou *princípio da equivalência*,[16] defendida por Adam Smith.[17] Segundo a mesma, a tributação deveria ser correlata (proporcional) aos benefícios auferidos pelos contribuintes em decorrência da atuação estatal. A crítica vestibular desferida contra essa teoria se pauta exatamente na impossibilidade prática de se quantificar o nível de benefício gerado para um contribuinte. Ademais, esse formato, dependendo do cálculo, poderia atuar oprimindo os mais necessitados de forma a desvirtuar a equidade na ideia de capacidade contributiva. No estado social e democrático, por exemplo, a atuação estatal será muito mais voltada aos mais necessitados, que já habitam áreas de risco, sem iluminação, sem escola, sem segurança pública, sem vias públicas adequadas, sem infraestrutura básica etc.

---

[15] TIPKE, Klaus; YAMASHITA, Douglas. *Justiça fiscal e princípio da capacidade contributiva*, 2002, op. cit., p. 28.
[16] Em outras línguas: *benefit principle, notion de contrapartie* e *Äquivalenzprinzip*.
[17] Em "A riqueza das nações", Adam Smith afirmou: "As despesas de governo, em relação aos indivíduos de uma grande nação, são como as despesas de administração em relação aos rendeiros associados de uma grande propriedade, os quais são obrigados a contribuir em proporção aos respectivos interesses que têm na propriedade" (apud GODOI, Marciano Seabra de. Tributo e solidariedade social. In: GRECO, Marco Aurelio; GODOI, Marciano Seabra de (Coord.). *Solidariedade social e tributação*. São Paulo: Dialética, 2005. p. 156.

Por terceiro, temos a *teoria do igual sacrifício*. Baseada na teoria econômica da utilidade marginal do capital, originada dos estudos de John Stuart Mill, tem como pressuposto o fato de que, à medida que a riqueza aumenta, o dinheiro passa a ser menos útil; logo, os mais abastados poderão contribuir mais sem que haja uma perda maior de seu bem-estar. Partindo dessa premissa, a tributação, para ser equânime, necessitaria variar em busca do seu valor real, e não levar apenas em consideração um custo meramente monetário. A "[...] igualdade de sacrifícios pode motivar um esquema tributário progressivo ou proporcional dependendo da taxa segundo a qual diminui a utilidade marginal da renda".[18]

Por quarto, tem-se a *teoria do talento pessoal*. Segundo o descrito pela teoria, que tem como fonte o utilitarismo econômico, a capacidade de contribuição tributária deve ser estipulada "de acordo com os talentos que possuem, definidos como sua capacidade de obter renda e acumular riquezas".[19] Seus defensores argumentam que, diversamente do sistema tradicional de tributação, a capacidade contributiva com base no talento pessoal não desestimularia o trabalho, ao contrário, o estimularia em busca da diminuição do desnível entre o *quantum* pago e o obtido. Seus detratores, entretanto, criticam afirmando ser muito difícil (se não impossível) quantificar o montante que cada pessoa (ou grupo de pessoas) poderia auferir. Por isso, estipular a tributação com essa base não manifestaria em nada a equidade. Porém, os contrários a esse formato fazem um adendo possibilitando sua aplicação exatamente com base na equidade: "a adoção da renda presumida (*Soll-Einkommen*) é justificável

---

[18] MURPHY, Liam; NAGEL, Thomas. *O mito da propriedade*: os impostos e a justiça. Tradução de Marcelo Brandão. São Paulo: Martins Fontes, 2005. p. 34-35.
[19] Ibid., p. 29

como solução auxiliar quando a renda efetiva (*Ist-Einkommen*) não pode ser apurada, a não ser por métodos desproporcionais (irrazoáveis)".[20]

Diante do exposto, resta evidente que a capacidade contributiva será o real fiel da balança entre uma tributação e uma tributação justa. Para tanto, necessário será fundamentar o princípio da capacidade contributiva na justiça fiscal, na igualdade e na isonomia, assim como relembrar que o referido princípio não é absoluto, podendo, portanto, ceder lugar a outros interesses, tais como a extrafiscalidade e a praticidade administrativa.[21]

4. Capacidade contributiva no direito brasileiro

Embora se possa afirmar que a primeira aparição da ideia de contribuição conforme a capacidade contributiva no ordenamento constitucional brasileiro tenha ocorrido de forma implícita na Constituição de 1824, mais precisamente no art. 179, inciso XV, que afirmava: "Ninguém será exemplo de contribuir para as despesas do Estado em proporção dos seus haveres", a primeira Constituição que, explicitamente, trouxe o princípio foi a de 1946, em seu art. 202. No período militar, a norma constitucional que consagrava a capacidade contributiva foi revogada, e sobre ela nada dispôs nem a Constituição de 1967, nem o EC nº 1/1969 (chamado por alguns de Constituição de 1969), assim como restou silente o Código Tributário Nacional de 1966.

Na CRFB/1988, o princípio da capacidade contributiva é resgatado, nos moldes do art. 145, §1º:

---

[20] TIPKE, Klaus; YAMASHITA, Douglas. *Justiça fiscal e princípio da capacidade contributiva*, 2002, op. cit., p. 33.
[21] Também conhecido como praticabilidade ou factibilidade, "[...] implica que o legislador não vá tão longe na determinação das soluções legais quanto seria de exigir, permitindo deixar à administração uma dada margem de livre decisão, sob pena de nos depararmos com soluções impraticáveis no sentido de economicamente insuportáveis" (NABAIS, José Casalta. *O dever fundamental de pagar impostos*, 1998, op. cit., p. 373).

Art. 145. A União, os Estados, o Distrito Federal e os Municípios poderão instituir os seguintes tributos:
I — impostos;
II — taxas, em razão do exercício do poder de polícia ou pela utilização, efetiva ou potencial, de serviços públicos específicos e divisíveis, prestados ao contribuinte ou postos a sua disposição;
III — contribuição de melhoria, decorrente de obras públicas.
§1º — *Sempre que possível*, os *impostos* terão *caráter pessoal* e serão graduados segundo *a capacidade econômica do contribuinte*, facultado à administração tributária, especialmente para conferir efetividade a esses objetivos, identificar, respeitados os direitos individuais e nos termos da lei, o patrimônio, os rendimentos e as atividades econômicas do contribuinte. [G.N]

Conforme perceptível a partir dos grifos, existem algumas expressões muito importantes e distintas no referido art. 145, §1º, da CRFB/1988 que verbalizam muito sobre questões específicas do princípio da isonomia, da capacidade contributiva e da Justiça Fiscal. Para tornar fácil o entendimento acerca do tema, o §1º do art. 145, da CRFB/1988, será dividido em duas partes, conforme a seguir.

Iniciando pela segunda parte do art. 145, §1º, CRFB/1988, está determinado que, para conferir eficácia aos objetivos da pessoalidade e da medição dos tributos segundo a capacidade contributiva, o Fisco pode ter acesso ao patrimônio, rendimentos e atividades econômicas do contribuinte, como ocorre, por exemplo, na flexibilização do sigilo bancário dos contribuintes em face da fiscalização tributária, independentemente de autorização judicial prévia.

O cerne do tema, entretanto, encontra-se na primeira parte que contém expressões como "caráter pessoal", "impostos", "sempre que possível" e "capacidade econômica do contribuinte".

4.1 O "caráter pessoal"

Quando a CRFB/1988 se refere ao caráter pessoal dos impostos, ela está direcionando sua incidência tanto para os impostos reais quanto para os pessoais. Com isso, seu ângulo de incidência é muito maior e mais apto a assegurar a isonomia e equidade fiscal. Portanto, de antemão, afirma-se que o princípio da personificação não pode ser analisado como uma manifestação constitucional de vedação à utilização de características pessoais do contribuinte para mensurar a obrigação advinda de impostos reais.

O *princípio da personificação* "se revela como o índice de capacidade contributiva aplicável aos impostos, admitindo a investigação do patrimônio, da renda e dos serviços do contribuinte (art. 145, §1º, CF), inclusive nos impostos reais".[22] De acordo ainda com Ricardo Lodi Ribeiro,[23] a doutrina costuma confundir personificação com pessoalidade, o que tem como consequência a compreensão de ser a regra da capacidade contributiva apenas referente aos impostos pessoais.

Detentor de um ângulo muito mais abrangente, o princípio da personificação é capaz de permitir a identificação tanto dos signos de riqueza ligados à pessoa do contribuinte (pessoalidade), quanto daqueles ligados ao seu patrimônio, sempre tendo em vista a riqueza do contribuinte revelada pelo fato gerador do tributo (a personificação).

Como exemplo prático do princípio da personificação, pode-se citar a Lei de IPTU do município de Curitiba que isenta da obrigação de pagamento ex-combatentes da Segunda Guerra Mundial e idosos beneficiários da seguridade social. Conforme

---

[22] RIBEIRO, Ricardo Lodi. *Limitações constitucionais ao poder de tributar*, 2010, op. cit., p. 150.
[23] Ibid.

pode ser atestado, trata-se de uma isenção incidente sobre um imposto real (IPTU) decorrente de uma característica pessoal, situação que não transforma o IPTU em um imposto pessoal, mas demonstra a utilização de características pessoais para determinar a capacidade econômico-contributiva do contribuinte.

Portanto, a expressão "caráter pessoal" afirma apenas que a capacidade contributiva levará em consideração questões individuais do contribuinte e seus signos de riquezas, seja essa riqueza fluida ou acumulada.

4.2 A expressão "sempre que possível"

A imprecisão da expressão em tema gera debate acerca do seu significado. Em resumo, é possível aferir três significados distintos ao art. 145, §1º, da CRFB/1988: uma recomendação; um papel negativo; e um papel positivo.

A primeira acepção é no sentido de "se puder, faça", ou seja, uma recomendação dirigida ao legislador. Critica-se porque estamos falando de um princípio que, em razão de tal característica, possui força autônoma. Em resumo, de nada adiantaria termos uma norma constitucional (com poderes principiológicos) sem força mínima para sequer alterar a realidade. Afinal, conceder recomendação do tipo "se der para fazer, faça, mas se não der, não faça, que nada acontece"[24] é esvaziar completamente um dispositivo constitucional. Por isso, essa linha interpretativa também é conhecida como um "sempre que possível sem força".[25]

Outro sentido é o que atribui um papel negativo à expressão. Assim, a Constituição estabeleceria que "sempre que

---

[24] GRECO, Marco Aurélio. *Planejamento tributário*. 2. ed. São Paulo: Dialética, 2008. p. 326.
[25] Cf. ibid., p. 326; TIPKE, Klaus; YAMASHITA, Douglas. *Justiça fiscal e princípio da capacidade contributiva*, 2002, op. cit., p. 53.

possível deve ser atendida a capacidade contributiva".[26] Não há, portanto, que se falar em uma vontade, mas sim em obrigatoriedade na verificação do princípio da capacidade contributiva por parte da tributação, sob pena de direta inconstitucionalidade. Por terceiro, teríamos um "sempre que possível forte", ou seja, "no sentido de o preceito conter a previsão de que 'só quando não for possível é que pode deixar de ser atendido o princípio da capacidade contributiva'".[27] Nessa acepção, o realce estaria no *sempre*, e não no *possível*. Ainda conforme o mesmo doutrinador:[28]

> Vale dizer, se se puder demonstrar que era possível atender à capacidade contributiva e isto não foi feito, haverá violação ao dispositivo constitucional. Ou seja, não é apenas quando ela inexistir (limite negativo) que haverá inconstitucionalidade, mas também quando existir, mas não for adequadamente captada, haverá violação ao §1º do artigo 145. Numa visão forte, a expressão está determinando que a capacidade contributiva deve ser, necessariamente, atingida sempre que detectada. [...] só não se aplica o princípio quando isto não for possível.

Deveras importante é o comentário de Sacha Calmon Navarro Coêlho que demonstra o esquecimento gerador de um lapso na interpretação da mal elaborada redação do artigo. Segundo o douto:

> [...] a redação complicada, ao menos na sua primeira parte, está calcada na Constituição de 1946, que era mais concisa e veraz; se não, vejamos: "os tributos terão caráter pessoal sempre que possível, e serão graduados conforme a capacidade

---

[26] GRECO, Marco Aurélio. *Planejamento tributário*, 2008, op. cit., p. 326.
[27] Ibid.
[28] Ibid.

econômica do contribuinte". Na Constituição de 1946 [...] a cláusula "sempre que possível" estava ligada à pessoalidade. É de se supor — como inspiração — que agora também seja assim. Não seria crível a instituição de impostos sem substrato na capacidade das pessoas para pagá-los.[29]

Em suma, a expressão "sempre que possível" gera duas possibilidades: uma é considerá-la norma programática esvaziada de força em decorrência da discricionariedade do legislador, outra é compreendê-la como a manifestação de um princípio jurídico. Não parece, enquanto esvaziada de conteúdo, crível que a referida expressão seja compreendida da primeira forma, afinal a capacidade contributiva é um princípio e, por ser uma garantia fundamental, segundo o art. 5º, §1º, CRFB/1988,[30] consiste num comando de maximização de eficácia com autoaplicabilidade.

Enfim, o constituinte originário, ao incluir a expressão "sempre que possível" antes de "capacidade contributiva", assegurou que o nível contributivo da pessoa sempre seria observado pela tributação, a não ser em hipóteses *sui generis* onde outras importâncias (como a extrafiscalidade e praticabilidade)[31] fossem mais imediatas, desde que, é claro, houvesse a devida justificativa e obediência ao princípio da proporcionalidade.

4.3 A "capacidade econômica do contribuinte"

Embora a doutrina utilize a expressão capacidade contributiva, o art. 145, §1º, CRFB/1988, fala na expressão capacidade

---

[29] Sacha Calmon Navarro Coêlho apud TIPKE, Klaus; YAMASHITA, Douglas. *Justiça fiscal e princípio da capacidade contributiva*, 2002, op. cit., p. 52.
[30] Art. 5º Todos são iguais perante a lei, sem distinção de qualquer natureza, garantindo-se aos brasileiros e aos estrangeiros residentes no País a inviolabilidade do direito à vida, à liberdade, à igualdade, à segurança e à propriedade, nos termos seguintes:
§1º. As normas definidoras dos direitos e garantias fundamentais têm aplicação imediata
[31] Sobre o princípio da praticabilidade, sinônimo de praticidade, ver seção VII da presente apostila.

econômica, e dessa forma se faz necessário demonstrar a distinção feita por alguns estudiosos.

Segundo aqueles que realizam a distinção entre capacidade econômica e capacidade contributiva, a *capacidade econômica* "designa a disponibilidade de riqueza, ou seja, de meios econômicos no plano fático".[32] Em razão de ela somente ser mensurada "por meio das verdadeiras forças econômicas do contribuinte",[33] é considerada mais protecionista e restritiva do que a capacidade contributiva, pois: a) impede as imposições excessivas (ou seja, o confisco); b) impede a oneração das rendas mínimas; c) leva à graduação progressiva do sistema tributário.[34] Já a *capacidade contributiva* "se refere à capacidade econômica eleita pelo legislador como fato gerador do tributo",[35] em suma, é um signo de manifestação de riqueza. É uma noção virtual, pois sua definição advém de jurisprudência, criações administrativas ou legais. Assim, por ser a capacidade contributiva baseada em ficções, presunções e falseamentos, há a possibilidade de a capacidade contributiva atingir fatos que não estejam assentados em realidade econômica. Neste trabalho, porém, em consonância com a maior parcela doutrinária,[36] será capacidade econômica tratada como sinônimo de capacidade contributiva.

Nomenclaturas à parte, importante ressaltar que o princípio da capacidade contributiva recebe influência de outros princípios constitucionais de modo a rearticular sua função eficacial. Des-

---

[32] Por Francisco José Carrera Raya (apud RIBEIRO, Ricardo Lodi. *Limitações constitucionais ao poder de tributar*, 2010, op. cit., p. 154).
[33] BALEEIRO, Aliomar. *Limitações constitucionais ao poder de tributar.* 7. ed. rev. e compl. à luz da Constituição de 1988 até a Emenda Constitucional nº 10/1996, por Misabel Abreu Machado Derzi. Rio de Janeiro: Forense, 1997. p. 690.
[34] Cf. ibid.
[35] Por Francisco José Carrera Raya (apud RIBEIRO, Ricardo Lodi. *Limitações constitucionais ao poder de tributar*, 2010, op. cit., p. 154).
[36] Adotam como sinônimos: Marciano Seabra de Godoi, Marco Aurélio Greco, Ricardo Lobo Torres, Ricardo Lodi Ribeiro e Klaus Tipke. Em sentido oposto: Aliomar Baleeiro.

sarte, dialogam com ele os fundamentos da República, contidos no art. 1º da CRFB/1988 (dignidade da pessoa humana, valores sociais do trabalho e livre-iniciativa), os objetivos fundamentais da República, advindos do art. 3º da CRFB/1988 (sociedade livre, justa e solidária), os valores da ordem econômica, preceituados no art. 170, CRFB/1988, a igualdade e isonomia (arts. 5 e 150, inciso II, CRFB/1988).

Para dar efetividade a uma tributação justa, e também dar conteúdo à ideia de isonomia tributária, o princípio da capacidade contributiva atua em duas acepções: uma objetiva e outra subjetiva.[37] Objetivamente, a capacidade contributiva atua de forma a exigir do legislador a eleição de um signo presuntivo de riqueza para a hipótese de incidência tributária. No que tange ao aspecto subjetivo, a mesma capacidade influi na graduação da tributação e, principalmente, na eleição de limites máximos (não confisco) e mínimos (respeito ao mínimo existencial).[38]

Desse modo:

> [...] *o princípio da Capacidade Contributiva em seu aspecto objetivo determina que os fatos geradores de cada imposto tenham origem nas duas espécies de riqueza existente: a renda*

---

[37] Embora se referindo à capacidade econômica objetiva e subjetiva, Aliomar Baleeiro afirma no mesmo sentido (BALEEIRO, Aliomar. *Limitações constitucionais ao poder de tributar*, 1997, op. cit., p. 690). Já Marciano Seabra de Godói utiliza "Capacidade contributiva absoluta e capacidade contributiva relativa" (GODÓI, Marciano Seabra de. *Justiça, igualdade e direito tributário*. São Paulo: Dialética, 1999. p. 198).

[38] Cabe salientar que "Embora não possua dicção constitucional própria, o mínimo existencial deriva, segundo Ricardo Lobo Torres, da ideia de Liberdade, de Igualdade e dos direitos humanos, e tem seus contornos definidos pela linha que separa a vida simples do cidadão humilde da pobreza absoluta que deve ser combatida pelo Estado, não só por meio de abstenção na tributação, como também por prestações positivas" (RIBEIRO, Ricardo Lodi. *Limitações constitucionais ao poder de tributar*, 2010, op. cit., p. 163). Outro limite é apresentado: "O princípio da 'unidade do ordenamento jurídico' determina que o mínimo existencial não fique abaixo do mínimo existencial do direito da seguridade social" (TIPKE, Klaus; YAMASHITA, Douglas. *Justiça fiscal e princípio da capacidade contributiva*, 2002, op. cit., p. 34).

(dimensão pessoal) e o patrimônio (dimensão real). Os demais fatos geradores previstos no sistema tributário são constituídos como desdobramentos desses dois fenômenos econômicos; [...]. Obviamente, quando se reduzem os signos de manifestação de riqueza à renda e ao patrimônio, essas expressões são utilizadas em sentido bem mais amplo do que lhes são dados pela legislação que define os impostos diretamente incidentes sobre o patrimônio e renda. [...] Assim, o sistema tributário prevê a tributação da renda bruta (receita bruta, prestação de serviços), da renda líquida (lucro), da renda aplicada a determinada finalidade (folha de salários). Tributa a alienação de patrimônio (circulação de bens, transmissão de bens) e a sua manutenção (propriedade, grandes fortunas).[39]

Outra discussão existente versa sobre a possibilidade de se mensurar os impostos diretos e indiretos com base na capacidade contributiva do contribuinte indireto. Primeiramente, segundo Luís César Souza de Queiroz,[40] a divisão entre impostos diretos e indiretos se baseia no fato de haver ou não a possibilidade de repercussão (ou translação) do imposto, dando origem ao contribuinte direto (de *jure*) e ao indireto (de *facto*). Logo, tal capacidade deriva das leis do mercado, sendo importante para a ciência econômica, e não para a jurídica.

Douglas Yamashita[41] afirma que a capacidade translativa poderá advir tanto do universo do mercado quanto do jurídico, sendo importante, para o direito, a repercussão jurídica. Em

---

[39] RIBEIRO, Ricardo Lodi. *Limitações constitucionais ao poder de tributar*, 2010, op. cit., p. 156.
[40] QUEIROZ, Luís César Souza de. *Sujeição passiva tributária*. Rio de Janeiro: Forense, 1998.
[41] TIPKE, Klaus; YAMASHITA, Douglas. *Justiça fiscal e princípio da capacidade contributiva*, 2002, op. cit.

razão disso, pode-se afirmar que a distinção entre impostos indiretos e diretos é prevista pelo ordenamento jurídico quando o art. 166 do CTN se refere aos "[...] tributos que comportem, por sua natureza, transferência"[42] e pela existência de normas específicas de repercussão existentes no ICMS e no IPI. Por conseguinte, conclui-se que os tributos com previsão de repercussão são aqueles indiretos.

Afastando-se um pouco da discussão acerca da diferenciação produzida pela escola econômica fisiocrata do século XVIII, a questão circunda a efetiva possibilidade (e obrigatoriedade) de a capacidade contributiva incidir e mensurar os chamados impostos indiretos. Tal discussão existe porque o encargo tributário dessa classe de impostos é transferido para terceiros, conhecidos como contribuintes finais (ou *de facto*).

Segundo a doutrina majoritária,[43] a capacidade contributiva, nos impostos indiretos, se manifesta por meio do princípio da seletividade. Tal formato se dá em razão da impossibilidade prática de se verificar (ou sequer averiguar) para quem a tributação seria repercutida. Diante disso, prefere-se identificar quais produtos seriam mais essenciais a ponto de justificar uma minoração das alíquotas ou até de isenções tributárias.

Outra situação importante de ser relatada é o afastamento do princípio da capacidade contributiva em benefício da aplicação da extrafiscalidade.

É cediço que, desde o Estado liberal, os tributos manifestam um caráter fiscal, pois possuem, como objetivo maior, suprir os cofres públicos com moeda suficiente para desenvolver a

---

[42] Afinal, se o sistema não quisesse, ele apenas poderia se referir a tributos, não necessitando falar em tributos que comportem a repercussão.
[43] Aportam nessa linha: Marciano Seabra de Godoi (*Justiça, igualdade e direito tributário*, 1999, op. cit., p. 202-203), Ricardo Lodi Ribeiro (*Limitações constitucionais ao poder de tributar*, 2010, op. cit., p. 161) e Marco Aurélio Greco (*Planejamento tributário*, 2008, op. cit., passim).

atividade estatal. Com o aumento da intervenção do Estado na sociedade, percebeu-se que os impostos também possuíam uma força extrafiscal. Portanto, a extrafiscalidade possui como característica estimular ou desestimular uma atuação do contribuinte, assim como realizar a distribuição da renda.

Pode a extrafiscalidade ser *positiva* quando, através de incentivos tributários, estimula a produção de um fato gerador que é mais benéfico para a sociedade. Sendo *negativa* quando a majoração da incidência de tributos tem como condão repelir a produção do fato gerador. Cita-se como exemplo fictício, no primeiro caso, a isenção de IPTU a determinada fábrica que venha a se instalar em certa região. Já para a segunda hipótese, é exemplo um ICMS mais alto para automóveis que não utilizem biocombustíveis.

A partir de uma análise econômica, a extrafiscalidade gera externalidades[44] que servem para reequilibrar uma balança pendente para um lado socialmente repudiável. Num exemplo hipotético, um imposto ambiental baseado no princípio do poluidor-pagador atuaria internalizando (no custo de produção e, por conseguinte, no preço) as externalidades negativas causadas pelo desenvolvimento de sua produção, logo, tornando-o mais caro e menos competitivo.

A extrafiscalidade, seja positiva ou negativa, afasta a incidência do princípio da capacidade contributiva com o objetivo de valorizar uma situação com fundamento constitucional. Portanto, se não houver a devida preocupação em desenvolver uma situação almejada pela Constituição, acaba-se diante de uma arbitrariedade inconstitucional, devendo ser rechaçada pela Justiça.

---

[44] Externalidade é toda consequência gerada para um terceiro que não estava diretamente envolvido na relação, podendo ser, quando trouxer malefícios, negativa ou, quando trouxer benefícios, positiva.

4.3.1 O CONTEÚDO DO PRINCÍPIO DA CAPACIDADE CONTRIBUTIVA

Klaus Tipke define o princípio da capacidade contributiva como "um princípio indeterminado, mas determinável".[45] Já para Ricardo Lodi Ribeiro, "[...] como princípio que é, apresenta grande fluidez em sua definição, constituindo verdadeiro conceito indeterminado".[46] Entretanto, tal indeterminabilidade ou "vazio" não significa não poder aplicar o princípio, apenas identifica que seu preenchimento também se dará a partir de ingredientes exógenos a ele, mais precisamente advindos do sistema jurídico, fato que em nada desabona seu cerne de evitar que a tributação incida sobre aqueles que não possuem condições mínimas de pagá-la.

Para o devido "preenchimento" acerca do conteúdo do princípio em questão, necessário se faz buscar auxílio em outros princípios constitucionais que, no caso, agirão como subprincípios. Conforme leciona Humberto Ávila, uma das funções de um subprincípio é atuar para com o seu princípio "superior" de forma a outorgar uma função eficacial definitória.[47] Assim, os princípios da proporcionalidade, progressividade, seletividade e personificação auxiliarão os operadores do direito a identificar se uma determinada situação tributária está respeitando o aspecto subjetivo da capacidade contributiva.

Assim, a atuação do princípio da proporcionalidade se dará através da variação da base de cálculo, enquanto se mantém uma

---

[45] TIPKE, Klaus; YAMASHITA, Douglas. *Justiça fiscal e princípio da capacidade contributiva*, 2002, op. cit., p. 31
[46] RIBEIRO, Ricardo Lodi. *Limitações constitucionais ao poder de tributar*, 2010, op. cit., p. 156.
[47] "[...] exercem uma *função definitória*, na medida em que delimitam, com maior especificação, o comando mais amplo estabelecido pelo sobreprincípio axiologicamente superior." (ÁVILA, Humberto. *Teoria dos princípios*, 2011, op. cit., p. 98)

mesma alíquota. Já o princípio da progressividade[48] manterá a mesma base de cálculo, modificando apenas a alíquota à medida que aumenta a base calculada. O princípio da seletividade, por outro lado, escolherá situações em que a tributação deverá ser maior ou menor em decorrência da importância e da necessidade daquele bem ou situação. O princípio da personificação, por sua vez, determina que o legislador leve em consideração características pessoais do contribuinte, devendo o Estado, para mensurar a tributação, levar em conta patrimônio, rendimentos e atividades econômicas do contribuinte (art. 145, §1º, CRFB/1988), pois todos esses são manifestações de signos de riqueza tributável.

Portanto, a conclusão possível é a de que o conceito de capacidade contributiva perpassa pela possibilidade econômica de arcar com a tributação, entretanto, não ficará restrito a isso, pois levar-se-ão em consideração aqueles subprincípios para se identificar os aspectos subjetivos da capacidade contributiva, fato que conduzirá à certeza da materialização da equidade fiscal.

4.4 "Impostos"

Questiona-se a abrangência da expressão "impostos" utilizada no art. 145, §1º, CRFB/1988, em detrimento da expressão "tributo", à luz de uma análise sistemática do sistema jurídico brasileiro.

---

[48] Klaus Tipke abre ressalva sobre alíquotas progressivas: "O princípio da capacidade contributiva exige uma base de cálculo adequada. Não se deduz dele que a alíquota deva ser progressiva. Contudo, a alíquota progressiva é compatível com o princípio da capacidade contributiva. Pelo menos sua admissibilidade resulta no princípio do Estado Social" (TIPKE, Klaus; YAMASHITA, Douglas. *Justiça fiscal e princípio da capacidade contributiva*, 2002, op. cit., p. 35).

Isso porque, conforme já demonstrado, o princípio da capacidade contributiva não existe em razão da disposição legal expressa; a legislação, entendida como um todo, é que existe em razão do princípio. Existir um estado social e democrático de direito, assim como também haver, dentre outros princípios já mencionados nesta obra, a igualdade, isonomia e dignidade da pessoa humana, por si só já justificariam a proteção, por consequência, à capacidade contributiva no ordenamento jurídico. Diante do direito comparado, por exemplo, a Alemanha não detém a inscrição do referido princípio em sua Carta Constitucional. Mesmo assim, não há que se negar a aplicação do mesmo por lá.[49]

Exatamente por ser incoerente extrair do cidadão aquele mínimo que o Estado tem de garantir, é que temos diversas normas que afastam a tributação em função de um bem maior. É o caso da isenção para pessoas com insuficiência de recursos para arcar com as taxas judiciais ou de cartório.[50] Nesse, por exemplo, por se tratar de taxa e não de imposto, não haveria o que falar em aplicação da capacidade contributiva?

Resta claro, portanto, que o princípio da capacidade contributiva, diante de uma análise sistêmica das normas e princípios, sempre que não impossível, será aplicável à tributação. Porém, por ser um princípio, há de ser ponderado com outros enunciados principiológicos que, no caso prático, venham a ser aplicáveis.

---

[49] Afirma a doutrina: "A Constituição Alemã não estatui critério algum de justiça para uma tributação justa; em especial, ela não menciona o princípio da capacidade contributiva. Uma vez que o princípio da igualdade, também positivado na Constituição Alemã, exige um critério adequado de comparação, a ciência tributária teve de se ocupar da questão: qual é o critério de comparação ou qual o princípio de comparação adequado ao Direito Tributário? Na Alemanha a doutrina dominante na ciência dos impostos e também na ciência do Direito dos impostos declara-se favorável ao princípio da capacidade contributiva. Também vários acórdãos do Tribunal Constitucional Federal Alemão se baseiam nesse princípio" (TIPKE, Klaus; YAMASHITA, Douglas. *Justiça fiscal e princípio da capacidade contributiva*, 2002, op. cit., p. 28).
[50] Como exemplo: Art. 4º, inciso II, da Lei 9.289/1996 e art. 3º, inciso I, da Lei 1.060/1950.

5. Isonomia e capacidade contributiva na jurisprudência do STF

No julgamento da ADI nº 1.643 no ano de 2002, na qual era discutido o regime tributário do Simples e as sociedades profissionais, o STF entendeu que a vedação do ingresso no Simples para tais sociedades seria uma norma com um motivo válido, tendo em vista o caráter extrafiscal da regulamentação. As sociedades profissionais, mesmo as que possuíssem um baixo faturamento, não possuiriam as características que justificaram a criação do regime do Simples em favor dos micro e pequenos empresários (como o alto poder de geração de empregos), por isso se justificaria que a elas não fosse estendido o referido benefício:

> EMENTA: ACÃO DIRETA DE INCONSTITUCIONALIDADE. SISTEMA INTEGRADO DE PAGAMENTO DE IMPOSTOS E CONTRIBUIÇÕES DAS MICROEMPRESAS E EMPRESAS DE PEQUENO PORTE. CONFEDERAÇÃO NACIONAL DAS PROFISSÕES LIBERAIS. PERTINÊNCIA TEMÁTICA. LEGITIMIDADE ATIVA. PESSOAS JURÍDICAS IMPEDIDAS DE OPTAR PELO REGIME. CONSTITUCIONALIDADE. 1. Há pertinência temática entre os objetivos institucionais da requerente e o inciso XIII do artigo 9º da Lei 9317/96, uma vez que o pedido visa à defesa dos interesses de profissionais liberais, nada obstante a referência a pessoas jurídicas prestadoras de serviços. 2. Legitimidade ativa da Confederação. O Decreto de 27/05/1954 reconhece-a como entidade sindical de grau superior, coordenadora dos interesses das profissões liberais em todo o território nacional. Precedente. 3. Por disposição constitucional (CF, artigo 179), as microempresas e as empresas de pequeno porte devem ser beneficiadas, nos termos da lei, pela "simplificação de suas obrigações administrativas, tributárias, previdenciárias e creditícias, ou pela eliminação ou

redução destas" (CF, artigo 179). 4. Não há ofensa ao princípio da isonomia tributária se a lei, por motivos extrafiscais, imprime tratamento desigual a microempresas e empresas de pequeno porte de capacidade contributiva distinta, afastando do regime do SIMPLES aquelas cujos sócios têm condição de disputar o mercado de trabalho sem assistência do Estado. Ação direta de inconstitucionalidade julgada improcedente.[51]

Em continuidade, foi publicada em 8/8/2014 a Lei Complementar nº 147/2014,[52] que incluiu os prestadores de serviço de natureza intelectual no regime de tributação do Simples. A novidade trazida foi a revogação do inciso XI do art. 17 da Lei Complementar nº 123/2006. O dispositivo vedava o recolhimento simplificado por sociedades empresariais que prestassem serviços intelectuais, de natureza técnica, científica, desportiva, artística ou cultural, constituíssem ou não atividade regulamentada pelo Estado.

Ressalta-se que, no Simples, permite-se que as sociedades com receita anual de até R$ 3,6 milhões recolham de forma unificada os tributos abrangidos pelo programa, quais sejam: Imposto de Renda Pessoa Jurídica, Contribuição Social sobre o Lucro Líquido, Programa de Integração Social e Programa de Formação do Patrimônio do Servidor Público, Contribuição para Financiamento da Seguridade Social, Imposto sobre Produtos Industrializados, Imposto sobre Circulação de Mercadorias e Serviços e Impostos sobre Serviços de Qualquer Natureza.

---

[51] BRASIL. Supremo Tribunal Federal. Ação Direta de Inconstitucionalidade nº 1.643. Pleno. Relator: ministro Maurício Corrêa. Julgado em 5 de dezembro de 2001. *DJ*, 14 mar. 2003.
[52] A nova lei altera a Lei Complementar nº 123/2006, que regrava o sistema, e as Leis nº 5.889/1973 (trabalho rural); nº 11.101/2005 (Lei de Falências); nº 9.099/1995 (Lei dos Juizados Especiais); nº 11.598/2007 (Redesim e registro simplificado de empresas); nº 8.934/1994 (registro público de empresas); nº 10.406/2002 (Código Civil); e nº 8.666/1993 (Lei de Licitações).

Em outro exemplo, o Recurso Extraordinário nº 236.931, no qual se discutia a validade da diferença de alíquotas de IPVA para carros a álcool e gasolina, o STF entendeu cabível a diferenciação, não havendo qualquer violação ao princípio da isonomia, vez que presente a extrafiscalidade ambiental.

No julgamento da ADI nº 1.276, por sua vez, o STF entendeu razoável o benefício fiscal estabelecido por lei para as empresas com 30% ou mais da sua mão de obra formada por pessoas com idade acima de 40 anos, sob o fundamento de que a diferença de trato compensava as desvantagens reais de tais pessoas, trazendo à tona a busca da igualdade substancial.

> **Ementa**: Ao instituir incentivos fiscais a empresas que contratam empregados com mais de quarenta anos, a Assembleia Legislativa Paulista usou o caráter extrafiscal que pode ser conferido aos tributos, para estimular conduta por parte do contribuinte, sem violar os princípios da igualdade e da isonomia. Procede a alegação de inconstitucionalidade do item 1 do §2º do art. 1º, da Lei 9.085, de 17/02/95, do Estado de São Paulo, por violação ao disposto no art. 155, §2º, XII, g, da Constituição Federal. Em diversas ocasiões, este Supremo Tribunal já se manifestou no sentido de que isenções de ICMS dependem de deliberações dos Estados e do Distrito Federal, não sendo possível a concessão unilateral de benefícios fiscais. Precedentes ADIMC 1.557 (DJ 31/08/01), a ADIMC 2.439 (DJ 14/09/01) e a ADIMC 1.467 (DJ 14/03/97). Ante a declaração de inconstitucionalidade do incentivo dado ao ICMS, o disposto no §3º do art. 1º desta lei, deverá ter sua aplicação restrita ao IPVA. Procedência, em parte, da ação.[53]

---

[53] BRASIL. Supremo Tribunal Federal. Ação Direta de Inconstitucionalidade nº 1.276. Pleno. Relatora: ministra Ellen Gracie. Julgado em 29 de agosto de 2002. *DJ*, 29 nov. 2002.

Já na ADI nº 1655, o STF entendeu que concessão de benefício extrafiscal a veículos de transporte escolar somente para proprietários associados a determinada cooperativa violava o princípio da isonomia, vez que ausente fundamento racional para tal diferenciação entre os cooperativados e os não cooperativados.

Questões de automonitoramento

1. Após ler o material, você é capaz de resumir o caso gerador do capítulo 5, identificando as partes envolvidas, os problemas atinentes e as soluções cabíveis?
2. Resuma em poucas palavras o conteúdo dos princípios analisados neste material.
3. Analise, descreva e explique as interações entre as externalidades econômicas, a extrafiscalidade tributária e o princípio da capacidade contributiva.
4. A frase "Apenas os impostos são influenciados pelo princípio da capacidade contributiva" deve ser considerada verdadeira ou falsa? Discorra.
5. Na Romênia comunista, em 1966, diante da política do ditador Nicolae Ceausescu que visava um *boom* demográfico, fora instituído um alto imposto devido pelas mulheres que passassem muito tempo sem engravidar. Com base no que fora estudado e trazendo o caso para a realidade brasileira, existiria legalidade nesse tributo? Discorra.
6. Pense e descreva, mentalmente, alternativas para a solução do caso gerador do capítulo 5.

2

Princípio da irretroatividade/ princípio da anterioridade

Roteiro de estudo

1. Introdução

A Constituição da República Federativa do Brasil, de 1988, disciplina no artigo 150, inciso III, alínea "a" e alínea "b" os princípios da irretroatividade e o da anterioridade, veja-se:

> Art. 150. Sem prejuízo de outras garantias asseguradas ao contribuinte, é vedado à União, aos Estados, ao Distrito Federal e aos Municípios:
> [...]
> III — cobrar tributos:
> a) em relação a fatos geradores ocorridos antes do início da vigência da lei que os houver instituído ou aumentado;
> b) no mesmo exercício financeiro em que haja sido publicada a lei que os instituiu ou aumentou;
> c) antes de decorridos noventa dias da data em que haja sido publicada a lei que os instituiu ou aumentou, observado o

disposto na alínea b; (Incluído pela Emenda Constitucional nº 42, de 19/12/2003).

Em breve síntese, esses princípios objetivam limitar o poder de tributar estatal, visando à proteção da segurança jurídica e ao amparo dos cidadãos em face de eventuais abusos estatais no exercício da sua potestade tributária. Assim, surgiu o princípio da anterioridade tributária complementando o princípio da legalidade, para garantir a segurança jurídica. O princípio da irretroatividade, também ligado aos efeitos temporais da relação tributária, assim como o da anterioridade, mas essencialmente diferente, conforme será visto. Assim, por estarem expressamente dispostos na Constituição Federal de 1988, esses princípios, segundo Luiz Emygdio F. da Rosa Jr.,[54] encontram-se no rol dos princípios constitucionais tributários expressos, sem prejuízos daqueles implicitamente estabelecidos.

2. O princípio da anterioridade

a) A origem do princípio no texto constitucional

Conforme anteriormente citado, segundo o art. 150, inciso III, alínea "b", da CRFB/1988, é vedada a cobrança do tributo no mesmo exercício financeiro em que tenha sido publicada a lei que o instituiu ou o majorou.

O princípio constitucional em foco assegura uma garantia individual ao contribuinte de que a cobrança de novos tributos ou a majoração de tributos já existentes, ou ainda, que a extinção ou redução de uma isenção não surtam efeitos no mesmo

---

[54] ROSA JR., Luiz Emygdio F. da. *Manual de direito financeiro e direito tributário*. São Paulo: Renovar, 2003. p. 289-290.

exercício financeiro da entrada em vigor da respectiva lei. O fim primordial dessa norma de direito fundamental é a tutela da segurança jurídica, com seus consectários: a proteção da confiança do contribuinte e a não surpresa da tributação.

Adveio o princípio da anterioridade em substituição ao princípio da anualidade tributária, segundo o qual a lei tributária ficava sujeita, ano a ano, a uma prévia autorização contida na lei orçamentária para que pudesse surtir efeitos.

Assim, antes de existir o princípio da anterioridade, havia no ordenamento jurídico o princípio da anualidade orçamentária. Esses dois princípios, como visto, não se confundem e albergam proteções e objetivos diferentes, ainda que parte da doutrina e até o próprio STF os confundam algumas vezes.

Com o princípio da anterioridade se busca garantir um prazo maior para iniciar o pagamento de um novo tributo ou da majoração de tributo já existente, enquanto na anualidade se busca garantir a autorização popular para o orçamento do próximo ano.

Embora a ideia de exercer um controle periódico da tributação seja contemporânea à formação do Estado nacional,[55] a certidão de nascimento do princípio da anualidade tributária "[...] é a Constituição revolucionária francesa de 1791 (Título V, art. 1º), que exigia prévia autorização orçamentária para a cobrança dos tributos".[56]

Tradicionalmente, desde 1824, os textos constitucionais brasileiros fazem referência ao princípio da anualidade.

---

[55] "A preocupação com a limitação do poder do rei de impor tributos surge no final da Idade Média, na Europa, diante do crescimento do poder do monarca e da exigência, cada vez mais rotineira, de tributos para a manutenção das despesas permanentes do Estado Nacional que dava então seus primeiros passos. Diante desse quadro, os senhores feudais se insurgiram contra a imposição de tributos mais pesados, exigindo a prévia autorização da cobrança pelos seus representantes" (RIBEIRO, Ricardo Lodi. *Limitações constitucionais ao poder de tributar*, 2010, op. cit., p. 115).
[56] Ibid., p. 117.

A Constituição de 1824, em seu art. 171, por exemplo, contém texto no sentido de que as contribuições diretas seriam anualmente estabelecidas pela Assembleia Geral. Entretanto, a doutrina[57] afirma que tal artigo apenas exigia a autorização anual por parte do Parlamento, sem, entretanto, condicionar sua cobrança nos mesmos moldes.

Na Constituição de 1891, a primeira da República, inexistia referência ao princípio da anualidade. Entretanto, o costume, a doutrina, a jurisprudência do STF e legislações infraconstitucionais (como o art. 27 do Código de Contabilidade da União de 1922)[58] mantiveram sua prática.

A Constituição de 1934, em seu art. 50, e a de 1937, no art. 68, apenas previam a necessidade de os tributos serem previstos na lei orçamentária, sem que houvesse, entretanto, qualquer impedimento de sua cobrança sem previsão orçamentária.

A Constituição de 1946 foi mais explícita com seu art. 141, §34, e sua previsão de impossibilidade de cobrança daqueles tributos desprovidos de previsão orçamentária. Embora assim estivesse previsto, o STF, por meio dos enunciados sumulares de números 66 e 67, compreendeu que o referido artigo supracitado "[...] não impedia a cobrança do tributo instituído após a aprovação do orçamento, mas antes do início do exercício financeiro seguinte". Desse modo, o STF acabou — na prática — transmutando o princípio da anualidade em princípio da anterioridade.

Com a edição da EC nº 18 de 1965, o constituinte derivado modifica o princípio da anualidade em dois aspectos: no material, sua aplicação ficaria estrita aos impostos sobre patrimônio

---

[57] Ibid., p. 118.
[58] Ibid., p. 119.

e renda; no temporal, a cobrança legítima se daria caso o tributo fosse vigente antes do início do exercício financeiro posterior.[59]

A Constituição de 1967, em seu art. 150, §29, restabelece o princípio da anualidade como consagrada pelo art. 140, §34, da CF/1946, ou seja, com a necessidade de previsão orçamentária para sua cobrança plena. No entanto, o STF manteve sua interpretação jurisprudencial anterior, no sentido de igualar anualidade a anterioridade (súmulas 66 e 67 do STF).

Em 1969, o texto constitucional foi alterado mais uma vez. Com a edição da EC 1/1969 — por alguns chamada de "Constituição de 1969" —, o princípio da anualidade se transforma no princípio da anterioridade de vez, afinal a restrição passa a ser no sentido da exigência de lei em vigência antes do exercício financeiro seguinte.

Embora parte da doutrina considere que a Constituição de 1988 não prevê o princípio da anualidade tributária, como, por exemplo, entendem Luiz Emygdio F. da Rosa Jr.[60] e Ricardo Lobo Torres,[61] o professor Flávio Bauer Novelli[62] sustenta a sua subsistência com base nos princípios orçamentários previstos no art. 165 da CRFB/1988, mais especificamente o da anualidade orçamentária. Segundo o professor, o princípio da anualidade, embora não mais persista enquanto necessidade de autorização orçamentária, foi mantido pela Constituição de 1988 para fins de periodização dos impostos incidentes sobre a renda e o patrimônio, assim como para o planejamento das mudanças legislativo-tributárias.

---

[59] Vale relembrar que o art. 74 da Constituição de 1946 exigia que o orçamento fosse votado até o dia 30 de novembro de cada ano.
[60] ROSA JR., Luiz Emygdio F. da. *Manual de direito financeiro e direito tributário*, 2003, op. cit.
[61] TORRES, Ricardo Lobo. *Tratado de direito constitucional financeiro*. Rio de Janeiro: Renovar, 2013. v. II, p. 555.
[62] NOVELLI, Flavio Bauer. Anualidade e anterioridade na Constituição de 1988. *Revista de Direito Administrativo*, Rio de Janeiro, n. 179-180, p. 19-50, jan./jun. 1990.

Contudo, como observa Hugo de Brito Machado,[63] nos parece que tal princípio não se traduz numa garantia do contribuinte, mas em regra aplicável somente ao direito financeiro. Assim, com a Constituição de 1988 o princípio da anterioridade restou consagrado e verifica-se que o legislador preferiu fazer referência não à vigência da lei, como ocorria no art. 153, §29, da Constituição de 1969, mas à sua publicação. Segundo Luiz Emygdio F. da Rosa Jr.,[64] essa foi a melhor mudança na redação do dispositivo constitucional, por ter aclarado as dúvidas que existiam quanto à aplicação do art. 153, §29, da CRFB de 1967. Pois havia o entendimento de que, se uma lei fosse publicada em 1986 e contivesse dispositivo determinando que entrasse em vigor no primeiro dia de 1987, o tributo não poderia ser cobrado nesse exercício, por ser o mesmo do início da vigência da lei.

b) Conceito

O princípio da anterioridade destina-se a proteger o contribuinte diante de uma eventual exigência imediata de se pagar um novo valor tributário que não era até então previsto, visando a garantir que os contribuintes tenham um prazo mínimo para se programar com relação ao pagamento dos tributos. Esse princípio se aplica tanto no caso da criação de um novo tributo, quanto no aumento do valor de um tributo já existente. Se esse princípio não estivesse previsto na CFRB/88, os contribuintes poderiam ser surpreendidos com novas exigências, gerando incerteza, fazendo com que o contribuinte tivesse que providenciar recursos imediatamente para o pagamento dessas novas pendências, prejudicando qualquer planejamento orçamentário.

---

[63] MACHADO, Hugo de Brito. *Os princípios jurídicos da tributação na Constituição de 1988*. 4. ed. São Paulo: Dialética, 2001.
[64] ROSA JR., Luiz Emygdio F. da. *Manual de direito financeiro e direito tributário*, 2003, op. cit., p. 310-311.

Nesse sentido, para que haja um prazo para que o contribuinte possa se programar, impedindo assim a surpresa da criação de um novo tributo não previsto anteriormente, foi criado o princípio da anterioridade.

Percebe-se que a natureza desse princípio é ser um dos institutos constitucionais, limitadores do poder de tributar do Estado, fundado primordialmente na ideia de proteção à segurança jurídica. Por esse motivo, só se fala ainda em anterioridade se for respeitado primeiramente o princípio da legalidade tributária, isto porque, com relação à anterioridade, o que se discute é o quanto se pode cobrar, exigir ou aumentar um tributo, mas somente a lei pode instituir ou majorar tributos.

Nos dizeres de Geraldo Ataliba:[65]

> A Constituição, em outras palavras, está dizendo o seguinte: o legislador pode criar ou aumentar tributos a qualquer instante, mas, a eficácia desta lei criadora ou aumentadora é que só se vai dar no próximo exercício financeiro. Fica com a eficácia suspensa a lei que cria ou aumenta tributo, até o ano que vem. Essa é a regra.

Neste contexto, importante salientar que o princípio da anterioridade constitui uma garantia fundamental ao cidadão, diante do poder do Estado, constituindo assim uma das limitações do poder de tributar, que são inclusive inalteráveis por meio de emenda, ou por revisão constitucional, sendo considerado, portanto, um dos limites materiais do poder de emenda disposto pelo art. 60, §4º, da CRFB/1988.[66]

---

[65] ATALIBA, Geraldo. Sistema tributário na Constituição de 1988. *RDT*, ano III, n. 48, p. 153, abr./jun. 1989.
[66] Constituição da República Federativa do Brasil de 1988: Art. 60. A Constituição poderá ser emendada mediante proposta: §4º — Não será objeto de deliberação a proposta de emenda tendente a abolir: I — a forma federativa de Estado; II — o voto

A doutrina defende que o princípio da anterioridade posterga a vigência da lei instituidora até o início do exercício seguinte. Tal princípio se confundiria com uma *vacacio legis* peculiar a esse tipo de norma, e teve mais destaque, no Brasil, a tese de que a lei instituidora do tributo é uma lei imperfeita, que só teria plena atuação após a aprovação da lei de orçamento. No entanto, a lei instituidora do tributo não é uma lei imperfeita, visto que não há qualquer vício intrínseco a ela, de modo que nos demais dispositivos tem aplicação desde a vigência. Na verdade, a lei tributária antes do exercício seguinte ao da sua publicação (anterioridade) ou no exercício em que não há previsão do tributo por ela instituído no orçamento é uma lei perfeita que, no plano da vigência, não apresenta qualquer singularidade.

Como exemplo, segue abaixo o entendimento do STF nesse sentido:

> EMENTA: AGRAVO REGIMENTAL EM RECURSO EXTRAORDINÁRIO. APELO EXTREMO EXTEMPORÂNEO. INTERPOSIÇÃO ANTES DO JULGAMENTO DOS EMBARGOS DECLARATÓRIOS OPOSTOS CONTRA O ARESTO QUE JULGOU A APELAÇÃO. AUSÊNCIA DE RATIFICAÇÃO. CONTRIBUIÇÃO PREVIDENCIÁRIA. SERVIDORES PÚBLICOS DO DISTRITO FEDERAL. MEDIDA PROVISÓRIA 560/1994 E REEDIÇÕES. CONSTITUCIONALIDADE. OBSERVÂNCIA DO PRINCÍPIO DA ANTERIORIDADE NONAGESIMAL. 1. Conforme entendimento predominante nesta nossa Casa de Justiça, o prazo para recorrer só começa a fluir com a publicação da decisão no órgão oficial, sendo prematuro o recurso que a antecede. A insurgência, nesta hipótese, não se dirige contra

---

direto, secreto, universal e periódico; III — a separação dos Poderes; IV — os direitos e garantias individuais.

decisão final da causa, apta a ensejar a abertura da via extraordinária, na forma do inciso III do art. 102 da Carta Magna. 2. O Supremo Tribunal Federal decidiu no sentido de que o sistema de alíquotas progressivas, objeto da Medida Provisória 560/1994 e posteriores reedições, é constitucional, desde que respeitada a vacatio legis de noventa dias (art. 195, §6º, da Constituição Federal). 3. Ressalvado, contudo, o entendimento pessoal deste relator quanto à idoneidade de medida provisória instituir alíquotas progressivas. 4. Agravo regimental desprovido.[67]

Há quem defenda, porém, que o que ocorre nesses casos é um fenômeno no plano da eficácia.[68] A lei, nessa situação, não se aplica aos fatos geradores ocorridos no período de tempo que durar o fenômeno, seja até o primeiro dia do exercício seguinte, seja até a nova inclusão do tributo no orçamento, caso se trate de anterioridade ou anualidade. Eficácia não é incidência (configuração *in concreto* de um direito ou de um fato) ou aplicação, mas possibilidade de incidência e aplicação. A norma não é eficaz porque é obedecida e aplicada, mas porque preenche os requisitos (sociais e normativos) para ser aplicada e obedecida. Nesse sentido, a eficácia é condição de incidência, sem ela não há incidência.

---

[67] BRASIL. Supremo Tribunal Federal. RE n. 400975 AgR-DF. Segunda Turma. Relator: ministro Ayres Britto. DJe, 25 abr. 2011.
[68] A CRFB/1988 é expressa sobre o assunto quando estatui que as normas definidoras dos direitos e garantias fundamentais têm aplicabilidade imediata (art. 5º, §1º). Mas certo é que isso não resolve todas as questões, porque a Constituição mesma faz depender da legislação ulterior a aplicabilidade de algumas normas definidoras de direitos sociais, por exemplo, enquadrados entre os fundamentais. Por regra, as normas que consubstanciam os direitos fundamentais democráticos e individuais são de eficácia contida e aplicabilidade imediata, enquanto as que definem os direitos econômicos e sociais tendem a sê-lo também na Constituição vigente, mas algumas, especialmente as que mencionam uma lei integradora, são de eficácia limitada, de princípios programáticos e de aplicabilidade indireta. In: DA SILVA, José Afonso. *Curso de direito constitucional positivo*. 19. ed. p. 183 e 184.

Cabe transcrever a lição de Pedro Menezes Trindade Barrêto,[69] *in verbis*:

> Ou seja, em outras palavras, o princípio da anterioridade determina um prazo impeditivo da eficácia da lei nova que criou ou majorou o tributo. E exatamente com o objetivo de proteger o particular, garantindo-lhe ter um tempo hábil para se preparar para esse novo pagamento, o qual era antes inexigível.

Ressalte-se que o prazo para a entrada em vigor da lei não é de um ano, como se poderia confundir, o prazo é do ano seguinte. Por isso, de acordo com esse princípio, se eventualmente houver a instituição de um tributo no dia 31 de dezembro, esse tributo poderia ser cobrado a partir do dia 1º de janeiro do ano seguinte. Isso só não ocorre por conta da existência do princípio da noventena, que será tratado mais adiante.

Por outro lado, o princípio da anterioridade também se materializa institucionalmente no orçamento fiscal com caráter radicalmente normativo, por via do preceito, hoje enunciado no art. 5º, §2º, da CRFB/1988,[70] segundo o qual a enumeração, por esta, de direitos e garantias, não exclui outros, não enumerados, decorrentes do regime e dos princípios por ela adotados.

Esse princípio decorre, portanto, do próprio regime democrático, bem como dos princípios do estado de direito, da anualidade do orçamento e da legalidade (em sentido amplo) da

---

[69] BARRÊTO, Pedro Menezes Trindade. *Curso de direito tributário brasileiro*. 3. ed. São Paulo: Quartier Latin do Brasil, 2010. p. 114.
[70] Constituição da República Federativa do Brasil de 1988: Art. 5º Todos são iguais perante a lei, sem distinção de qualquer natureza, garantindo-se aos brasileiros e aos estrangeiros residentes no País a inviolabilidade do direito à vida, à liberdade, à igualdade, à segurança e à propriedade, nos termos seguintes: §2º — Os direitos e garantias expressos nesta Constituição não excluem outros decorrentes do regime e dos princípios por ela adotados, ou dos tratados internacionais em que a República Federativa do Brasil seja parte.

tributação, o qual, por sua vez, corresponde a princípio dotado de "eficácia institucional", que, além de vincular o legislador, limitando-lhe o exercício do poder normativo primário, tem aplicação imediata como direito positivo, porque nele assenta garantia fundamental do contribuinte (art. 5º, §1º, CRFB/1988).[71]

c) Da aplicação do princípio

O constituinte derivado verificou que o legislador originário reconheceu que alguns impostos eram de suma importância para o governo, não apenas por sua função arrecadatória, mas muito mais em função do papel econômico que desempenham, interferindo diretamente na indústria, no comércio e no sistema financeiro. Assim, por reconhecer a importância desses impostos, o constituinte deu exceção à legalidade, permitindo que eles fossem majorados por simples decreto do Poder Executivo, não dependendo de lei, considerando a urgência necessária muitas vezes na sua instituição; por isso, percebeu que, para que esses impostos continuassem a exercer a sua função extrafiscal, era necessário, além de dar exceção à legalidade, dar também exceção à anterioridade, pois de nada adiantaria permitir a majoração por decreto de maneira a agilizar a sua cobrança, se a cobrança ficaria subordinada ao exercício financeiro seguinte. Portanto, não estão sujeitos ao princípio da anterioridade o IPI, o IOF, o II e o IE (art. 150, §1º, CRFB/1988), em razão das funções extrafiscais que imperam nesses impostos.

Na mesma lógica inserem-se o imposto extraordinário de guerra e o empréstimo compulsório de guerra e calamidade pública, devido à urgência na instituição deles, além da con-

---

[71] Constituição da República Federativa do Brasil de 1988: Ver art. 5º, §1º: As normas definidoras dos direitos e garantias fundamentais têm aplicação imediata.

tribuição de intervenção do domínio econômico e do ICMS incidentes sobre o petróleo, por seu caráter estratégico.

Com relação à contribuição para a Seguridade Social, o legislador também se preocupou em protegê-la, pois seu papel é o de garantir o acesso à saúde, à assistência social e ao regime previdenciário. Por isso, devido ao papel que desempenha na sociedade, o legislador pensou em afastar a aplicação do princípio da anterioridade para essa contribuição, mas, ao ponderar tal medida, entendeu que essa não seria benéfica ao contribuinte. Assim, para equilibrar essa situação, decidiu pela não aplicação do princípio da anterioridade, mas entendeu pela incidência no caso dessas contribuições do prazo de 90 dias para sua exigência, surgindo, assim, o princípio da anterioridade mitigada, conforme entendimento do STF.[72]

Além disso, após a edição da EC nº 33 de 2001 surgiu uma nova exceção com a criação da Contribuição de Intervenção no Domínio Econômico (Cide) incidente sobre operações com combustíveis. O constituinte, por visualizar nessa Cide um tributo de caráter interventivo, de função extrafiscal, permitiu que se estendesse a ela a exceção à anterioridade dada também aos impostos extrafiscais. Por conta disso, o art. 177, §4º, inciso I, alínea 'b',[73] afastou a aplicação do art. 150, inciso III, alínea b, ambos da CRFB/1988, possibilitando a essa contribuição incidência imediata.

---

[72] BRASIL. Supremo Tribunal Federal. RE n. 359.044-8. AgR-PR. Relator: ministro Carlos Velloso.
[73] Constituição da República Federativa do Brasil de 1988: Art. 177. Constituem monopólio da União: §4º A lei que instituir contribuição de intervenção no domínio econômico relativa às atividades de importação ou comercialização de petróleo e seus derivados, gás natural e seus derivados e álcool combustível deverá atender aos seguintes requisitos: (Incluído pela Emenda Constitucional nº 33, de 2001) I — a alíquota da contribuição poderá ser: (Incluído pela Emenda Constitucional nº 33, de 2001) b) reduzida e restabelecida por ato do Poder Executivo, não se lhe aplicando o disposto no art. 150, III, *b*; (Incluído pela Emenda Constitucional nº 33, de 2001).

O princípio da anterioridade também não é aplicado quando for o caso de mera atualização monetária do valor do tributo ou da sua base de cálculo, por não significar majoração do mesmo. Esse entendimento é pacífico no STF, veja-se:

> Substituição legal dos fatores de indexação — Alegada ofensa às garantias constitucionais do direito adquirido e da anterioridade tributária — Inocorrência — Simples atualização monetária que não se confunde com majoração do tributo. [...] A modificação dos fatores de indexação, com base na legislação superveniente, não constitui desrespeito às situações jurídicas consolidadas (CF, art. 5º, XXXVI), nem transgressão ao postulado da não surpresa, instrumentalmente garantido pela cláusula da anterioridade tributária. (CF, art. 150, III, b)[74]

Por fim, é importante ainda ressaltar que o entendimento do STF é no sentido de que a mera redução ou extinção de desconto legalmente previsto não configura aumento de tributo, não cabendo, portanto, a aplicação do princípio da anterioridade.[75]

Ademais, vale chamar atenção para o disposto na Súmula nº 669 do STF, que estabelece que "norma legal que altera o prazo de recolhimento da obrigação tributária não se sujeita ao princípio da anterioridade".

d) O princípio da noventena

Com a edição da Emenda Constitucional nº 42, de 19 de dezembro de 2003, além de ser vedada, em regra, a cobrança de tributo "no mesmo exercício financeiro em que haja sido

---

[74] BRASIL. Supremo Tribunal Federal. RE n. 200.844-PR. AgR. Relator: ministro Celso de Mello.
[75] BRASIL. Supremo Tribunal Federal. ADI n. 4.016-PR.

publicada a lei que os instituiu ou aumentou" (art. 150, inciso III, alínea 'b', CRFB/1988), veda-se a cobrança de tributo antes de decorridos "90 dias da data em que haja sido publicada a lei que os instituiu ou aumentou (art. 150, inciso III, alínea 'c', CRFB/1988), observado o disposto na alínea b". Parte da doutrina denomina esse princípio como princípio da anterioridade qualificada ou mínima ou noventena constitucional.

A nova redação da Constituição modificou sobremaneira o princípio da anterioridade, determinando-se que a exigência do tributo somente ocorra no exercício financeiro seguinte à sua instituição e, ainda, que se observe o lapso de 90 dias entre a data da publicação da lei que houver instituído ou aumentado o tributo e a sua cobrança.

Assim, para evitar casos, como a instituição de tributos no dia 31 de dezembro, em que a lei entraria em vigor no dia 1º de janeiro, em cumprimento ao princípio da anterioridade, fez-se necessária a criação de uma nova regra que incrementasse essa regra do exercício financeiro seguinte, ampliando a proteção, para que nesses casos o contribuinte não ficasse sem a extensão verdadeira da proteção constitucional. Nesse sentido, sobre a criação do prazo de 90 dias para exigência de tributos dispõe Pedro Barrêto:[76]

> A ideia foi a de se preservar e manter a regra antiga, melhorando-a, ampliando-a, dando assim também a certeza de que, além de só pagar ano que vem, só se pagará depois de passados um mínimo de dias da publicação da lei que trouxe a surpresa, o novo valor. Essa decisão era necessária e urgente, chamada pela doutrina e pelos massacrados contribuintes, espancados continuamente com majorações de fins de ano.

---

[76] BARRÊTO, Pedro Menezes Trindade. *Curso de direito tributário brasileiro*, 2010, op. cit., p. 114.

O art. 150, §1º, da CRFB/1988, com a nova redação dada pela citada emenda constitucional, dispõe, entretanto, que não estão sujeitos à aplicação de seu art. 150, inciso III, alínea 'c' (observância do prazo de 90 dias para cobrança do tributo, a contar da data da publicação da lei que o instituiu ou aumentou) o empréstimo compulsório de guerra e calamidade pública, o II, o IE, o IR, o IOF, o imposto extraordinário de guerra e a fixação da base de cálculo do IPVA e IPTU.

Nesse sentido, como é possível notar, os tributos considerados extrafiscais foram excluídos da aplicação da nova regra, em razão de suas características especiais (atender às situações especiais e de controle da economia). No entanto, foi feita exceção, de certa forma contraditória, com relação ao IPI, que se subordina ao novo regramento.

Nesse diapasão, interessante a análise na ação direta de inconstitucionalidade (ADI) nº 4661[77] ainda pendente de julgamento acerca da majoração, via Decreto nº 7.567, de 15 de setembro de 2011, de alíquota de IPI com operações envolvendo veículos automotores e a necessidade de observância ao princípio da anterioridade nonagesimal.

Confira-se um trecho do informativo 645[78] disponibilizado pelo Supremo Tribunal Federal (STF):

> Asseverou-se que o princípio da anterioridade representaria garantia constitucional estabelecida em favor do contribuinte perante o Poder Público, norma voltada a preservar a segurança e a possibilitar um mínimo de previsibilidade às relações

---

[77] Esta ação direta de inconstitucionalidade tem como objeto o art. 16 do Decreto nº 7.567, de 15 de setembro de 2011, que regulamenta os arts. 5º e 6º da Medida Provisória nº 540, de 2 de agosto de 2011, os quais dispõem sobre a redução do Imposto sobre Produtos Industrializados (IPI) em favor da indústria automotiva, além de alterar a Tabela de Incidência do IPI (Tipi), aprovada pelo Decreto nº 6.006, de 28 de dezembro de 2006.
[78] BRASIL. Supremo Tribunal Federal. Informativo nº 645.

jurídico-tributárias. Mencionou-se que o referido princípio destinar-se-ia a assegurar o transcurso de lapso temporal razoável a fim de que o contribuinte pudesse elaborar novo planejamento e adequar-se à realidade tributária mais gravosa. Assim, o art. 16 do Decreto 7.567/2011, ao prever a imediata entrada em vigor de norma que implicara aumento da alíquota de IPI contrariara o art. 150, III, c, da CF. *Deste modo, a possibilidade de acréscimo da alíquota do IPI mediante ato do Poder Executivo, em exceção ao princípio da legalidade (CF, art. 153, §1º), não afastaria a necessidade de observância ao postulado da anterioridade nonagesimal.* Por revelar garantia do contribuinte contra o poder de tributar, esse princípio somente poderia ser mitigado mediante disposição constitucional expressa, o que não ocorreria em relação ao IPI. [G.N][79]

Contudo, vale lembrar, ainda, que o IR não se sujeita ao prazo de 90 dias na forma do art. 150, inciso III, c, da CRFB/1988, legitimando-se, assim, leis que majoram o IR no final do ano, para que sua exigência ocorra logo no primeiro mês do ano seguinte ao de sua publicação.

Com relação às contribuições destinadas à seguridade social, aplica-se o princípio da "anterioridade mitigada ou nonagesimal, que prescreve a aplicação da lei apenas em relação a fatos geradores ocorridos 90 dias após a publicação da lei que as instituiu ou majorou" (art. 195, §6º, CRFB/1988[80]).

---

[79] BRASIL. Supremo Tribunal Federal. ADI 466. Segunda Turma. Relator: ministro Marco Aurélio Julgamento 31/7/2012. DJ, 8 ago. 2012.

[80] Constituição da República Federativa do Brasil de 1988: Art. 195. A seguridade social será financiada por toda a sociedade, de forma direta e indireta, nos termos da lei, mediante recursos provenientes dos orçamentos da União, dos Estados, do Distrito Federal e dos Municípios, e das seguintes contribuições sociais: §6º — As contribuições sociais de que trata este artigo só poderão ser exigidas após decorridos noventa dias da data da publicação da lei que as houver instituído ou modificado, não se lhes aplicando o disposto no art. 150, III, "b".

e) Outras questões sobre o princípio da anterioridade

(I) O CASO DO IMPOSTO DE RENDA

Com relação ainda ao Imposto de Renda, ressalte-se que o fato gerador desse imposto ocorre durante todo o exercício financeiro, conhecido assim na doutrina como fato gerador complexo. Diante de tal situação peculiar, de o fato gerador ocorrer ao longo de um período determinado de tempo, surge a questão problemática: se uma lei for editada durante o ano, entrando em vigência neste, poderá ser aplicada ao imposto devido relativo a este mesmo ano? Essa foi a grande controvérsia, que gerou discussão no STF, motivando a edição da Súmula nº 584 do STF, veja-se: "Ao imposto de renda calculado sobre os rendimentos do ano base, aplica-se a lei vigente no exercício financeiro que deve ser dada a declaração".

Com base nesse entendimento, bastava a lei ter sido publicada até o dia 31 de dezembro do ano base para poder ser a ele aplicada. Exigia-se a vigência desta no ano seguinte, o ano da declaração, essa conclusão é óbvia, pois para se aplicar a lei no momento da declaração, no ano seguinte, ela deve estar em vigência, caso contrário não pode produzir efeitos. Assim, a edição da súmula surgiu para determinar a plena e possível aplicação de qualquer lei editada durante o ano ao Imposto de Renda daquele mesmo ano, a ser pago no ano seguinte. Nesse sentido, o STF sumulou apenas a necessidade de vigência da lei no ano da declaração, ou seja, no ano seguinte, mas não foi exigido que a lei fosse publicada no ano da declaração.

Mas esse entendimento não foi muito bem recepcionado pela doutrina. Luciano Amaro[81] relembra que uma lei não pode

---

[81] AMARO, Luciano. *Direito tributário brasileiro*. 9. ed. São Paulo: Saraiva, 2003.

tributar um fato ocorrido antes da sua vigência, pois seria retroativa. Esse é o comando do princípio da irretroatividade, que veda a tributação com uma nova lei para fatos geradores ocorridos antes da vigência dela, o que será visto no próximo item.

Apesar de o STF tender sempre a aplicar a Súmula nº 584 ("Ao imposto de renda calculado sobre os rendimentos do ano base, aplica-se a lei vigente no exercício financeiro que deve ser dada a declaração"), segundo Pedro Menezes Trindade Barrêto,[82] a tese que prevalece hoje na doutrina é a criada por Luciano Amaro:[83]

> [...] Se aplicarmos, então, esta tese no Imposto de Renda, observe-se o resultado: imaginemos uma Lei A que majora o IR no mês de setembro de 2005, o fato gerador já está ocorrendo; logo, essa lei publicada em setembro, só pode alcançar fatos geradores praticados no exercício financeiro seguinte ao da sua publicação; assim por concluir, a Lei A só se aplicará ao exercício financeiro de 2006; assim sendo, o ano base de 2006 será regido pela Lei A publicada em 2005, que resultará no dever de pagamento em 2007 (correspondente ao IR devido relativo ao exercício de 2006).

Hugo de Brito Machado,[84] enaltecendo o trabalho de Luciano Amaro, ressalta que:

> Seja como for, estamos inteiramente convencidos de que a razão está com Luciano Amaro. O princípio da anterioridade da lei tributária só será efetivo se entendido como preconiza aquele

---
[82] BARRÊTO, Pedro Menezes Trindade. *Curso de direito tributário brasileiro*, 2010, op. cit., p. 114.
[83] AMARO, Luciano. *Direito tributário brasileiro*, 2003, op. cit., p. 131.
[84] MACHADO, Hugo de Brito. *Os princípios jurídicos da tributação na Constituição de 1988*, 2001, op. cit., p. 93-94.

eminente tributarista. A lei que institui ou aumenta tributo não pode alcançar fato gerador consumado nem fato gerador em formação. Há de ser, para incidir, anterior ao início do tributo respectivo. A não ser assim, o princípio da anterioridade não será instrumento de segurança jurídica.

(II) REVOGAÇÃO DE ISENÇÃO

Outra questão polêmica diz respeito à necessidade de observância do princípio da anterioridade em caso de revogação de isenção. Embora o art. 104, inciso III, do CTN,[85] disponha sobre a matéria, o deslinde da questão não prescinde do exame do conceito de isenção.

De acordo com a doutrina mais antiga, na esteira do pensamento de Rubens Gomes Sousa,[86] a isenção se traduzia na dispensa legal do pagamento do tributo. Logo, o fato gerador ocorria, mas a lei dispensaria o pagamento do tributo. Para os seguidores dessa corrente, a revogação de isenção não significaria criação de tributo. Dessa forma, o respeito à anterioridade não seria exigível pela Constituição da República. Essa corrente foi consagrada pela Súmula nº 615 do STF,[87] apesar dos seus fracos arcabouços teóricos, aplicando-se a anterioridade na revogação de isenção em relação aos impostos sobre patrimônio e renda por força do art. 104, inciso III, do CTN.

---

[85] Lei nº 5.172, de 25 de outubro de 1966. Art. 104. Entram em vigor no primeiro dia do exercício seguinte àquele em que ocorra a sua publicação os dispositivos de lei, referentes a impostos sobre o patrimônio ou a renda: III — que extinguem ou reduzem isenções, salvo se a lei dispuser de maneira mais favorável ao contribuinte, e observado o disposto no artigo 178.
[86] SOUSA, Rubens Gomes. *Compêndio de legislação tributária*. São Paulo: Resenha Tributária, 1975.
[87] O princípio constitucional da anualidade (§29 do art. 153 da Constituição Federal) não se aplica à revogação de isenção do ICM.

Segundo Luiz Emygdio F. da Rosa Jr.:[88]

Tal entendimento do STF estaria certo se a EC nº 1/69 e a Constituição de 1988 tivessem mantido a redação da EC nº 18/65 no tocante ao princípio da anterioridade da lei fiscal, o que, no entanto, não ocorreu. Assim, tal entendimento é manifestamente equivocado e não tem supedâneo no texto constitucional vigente. Todavia o STF decidiu posteriormente à edição da mencionada Súmula, que a redução de benefícios fiscais, implicando maior pagamento de tributos, sujeita-se ao princípio da anterioridade. (ADInMC 2.325/DF, Informativo 212, dez. 2000)

A limitação material do dispositivo do CTN alicerça a posição do STF consagrada na referida súmula, de que o princípio não se aplica quando a revogação for de isenção de ICMS. No entanto, mesmo que fosse aceita a tese de que a isenção pressupõe a ocorrência do fato gerador — o que só é admitido para fins de argumentação —, a solução dada pelo Pretório Excelso não nos parece correta, na medida em que, se a isenção pressupõe a ocorrência do fato gerador, não há aplicação da anterioridade constitucional. Ao mesmo tempo, tampouco se aplicaria o art. 104, inciso III, do CTN, que nos parece não teria sido recepcionado pela Constituição de 1967.

Para justificar esse raciocínio, recordemos a história do art. 104 do CTN.

Até a Constituição de 1946 era consagrado expressamente o princípio da anualidade. Porém, valendo-se de uma interpretação patriótica, como vimos, o STF criou o princípio da anterioridade,

---

[88] ROSA JR., Luiz Emygdio F. da. *Manual de direito financeiro e direito tributário*, 2003, op. cit., p. 316-317.

nunca antes visto. Com a EC nº 18/1965, constitucionalizou-se a jurisprudência do STF, acabando com o princípio da anualidade e positivando o que hoje entendemos por anterioridade. Mas a EC nº 18/1965 restringiu a anterioridade (na época ainda chamada de anualidade) aos impostos sobre o patrimônio e renda, e essa disciplina foi, então, reproduzida pelo art. 104 do CTN.

No entanto, a discussão não tem como base o art. 104 do CTN. Afinal, ou bem a anterioridade deve ser obedecida pelo que está na Constituição, ou não, sendo, portanto, a disciplina do art. 104 do CTN inteiramente irrelevante para o deslinde da questão.

Para dar cumprimento à regra constitucional do art. 150, inciso III, alínea 'b', é preciso voltar ao conceito de isenção para verificar se a revogação desta se traduz, ou não, em criação de tributo. Sem sombra de dúvida, prevalece hoje a corrente que defende ser a isenção uma não incidência legalmente qualificada, conforme sustentou José Souto Maior Borges.[89]

Segundo Flavio Bauer Novelli,[90] a relação entre a lei de isenção e a lei de incidência é uma relação de especialidade. No caso, a lei de incidência é a regra geral que vai se aplicar a todos os casos; a lei de isenção é a lei especial que vai ser aplicada a determinado caso. Então, prevalecerá a lei específica sobre a lei geral. Ocorre, portanto, o fenômeno de derrogação, e não de revogação. Logo, para essa corrente, o fato gerador não ocorrerá na isenção. Revogada a isenção, o tributo volta a incidir. Portanto, a lei que revoga a isenção está criando tributo, devendo ser respeitada a anterioridade por imposição constitucional do art. 150, inciso III, alínea 'b', em qualquer caso de revogação de isenção. Insta ressaltar posição recente do STF, explicitada por

---

[89] BORGES, José Souto Maior. *Isenções tributárias*. São Paulo: Sugestões Literárias, 1969.
[90] NOVELLI, Flavio Bauer. "Anualidade e anterioridade da Constituição de 1988", 1990, op. cit.

meio do Informativo nº 514, acerca da redução e extinção de descontos no pagamento de IPVA instituídos pela Lei Estadual nº 15.747/2007 do Paraná, que em seu art. 3º determina que a lei entrará em vigor na data de sua publicação. O STF considerou que a aludida norma não viola o princípio da anterioridade tributária, eis que, se até mesmo a revogação de isenção não tem sido equiparada pela Corte à instituição ou majoração de tributo, a redução ou extinção de um desconto para pagamento do tributo, sob determinadas condições previstas em lei, como o pagamento antecipado em parcela única (à vista), também não o poderia.

Afastou-se, também, a assertiva de que qualquer alteração na forma de pagamento do tributo equivaleria a sua majoração, ainda que de forma indireta, e reportou-se ao entendimento do Supremo de que a modificação do prazo de recolhimento da obrigação tributária não se sujeita ao princípio da anterioridade (Súmula nº 669 do STF).[91]

(III) Norma mais favorável ao contribuinte

Por fim, uma última discussão travada na doutrina foi com relação à aplicação do princípio da anterioridade e o prazo de 90 dias a uma nova lei que diminuísse um tributo.

Parte da doutrina tem sustentado a aplicação imediata da norma nova benéfica, por entender que o princípio da anterioridade existe para beneficiar o contribuinte. Logo, se a norma nova reduz a carga tributária incidente, não há de se cogitar de aplicação da regra temporal, posto que esta só fora criada para

---

[91] BRASIL. Supremo Tribunal Federal — STF Súmula nº 669 — 24/9/2003 — *DJ*, 9 out. 2003, p. 4; *DJ*, 10 out. 2003, p. 4; *DJ*, 13 out. 2003, p. 4. Norma legal que altera o prazo de recolhimento da obrigação tributária não se sujeita ao princípio da anterioridade.

proteger o contribuinte diante de surpresas com novos valores não esperados que poderiam ser indesejáveis.

Nessa linha é o entendimento de Hugo de Brito Machado:[92]

> Os princípios constitucionais foram construídos para proteger o cidadão contra o Estado, e o princípio da anterioridade tributária tem por finalidade essencial evitar que no curso do ano seja o contribuinte surpreendido com um ônus tributário a mais, a dificultar o desenvolvimento de suas atividades.
>
> Assim, o princípio da anterioridade, como os demais princípios constitucionais em geral, não impedem a vigência imediata de norma mais favorável ao contribuinte. É possível, portanto, a edição de lei alterando um Regime tributário no curso do exercício financeiro, para vigência imediata, desde que seja favorável ao contribuinte.

Entretanto, é importante chamar a atenção para esse entendimento para que com isso não se ponha em risco a segurança do Estado também, de modo a alterar o plano orçamentário estatal. Assim, há entendimento na doutrina de que também para esse caso deverá ser aplicado o princípio da anterioridade.

(IV) MEDIDAS PROVISÓRIAS

As medidas provisórias são atos com força de lei, que podem ser editados pelo presidente da República em caso de relevância e urgência. Uma vez editadas, devem ser submetidas ao Congresso Nacional imediatamente (art. 62, da CRFB/1988).[93]

---

[92] MACHADO, Hugo de Brito. *Os princípios jurídicos da tributação na Constituição de 1988*, 2001, op. cit., p. 96.
[93] Constituição da República Federativa do Brasil de 1988: Art. 62. Em caso de relevância e urgência, o Presidente da República poderá adotar medidas provisórias, com força de lei, devendo submetê-las de imediato ao Congresso Nacional. (Redação dada pela

É possível a instituição e a majoração de tributo por intermédio de medida provisória. Porém, se o tributo instituído ou majorado for um imposto, a cobrança só poderá ser realizada no exercício subsequente caso a medida provisória tenha sido convertida em lei até o último dia daquele em que tenha sido editada (CRFB/1988, art. 62, §2º).

Segundo Aliomar Baleeiro:[94]

> A anterioridade ao exercício e o período nonagesimal não são incompatíveis às demais leis do sistema. É induvidoso que as leis, relativas a outras matérias jurídicas que não as tributárias, possam adiar a vigência ou a aplicação das normas que veiculam. Essa é questão concernente à discricionariedade legislativa. Igualmente, a lei tributária pode existir despida do caráter de anterioridade, sendo adotada de vigência e aplicabilidade imediatas, pois as exceções contempladas no art. 150, §1º bem o demonstram.
>
> No entanto, a regra fundamental, obrigatória e constitucionalmente posta, é o princípio da anterioridade ao exercício (ou a espera nonagesimal do art. 195, §6º). Como tal, afeta a lei tributária, caracteriza-a, especializa-a, tornando-a incompatível com o procedimento regulado no art. 62 das medidas provisórias, as quais antecipam a eficácia à existência da própria lei, em que podem ser convertidas. A anterioridade não é aspecto acidental ou facultativo, mas propriedade jurídica essencial à lei tributária, que cria tributo novo ou majora os já existentes.

Emenda Constitucional nº 32, de 2001) §2º Medida provisória que implique instituição ou majoração de impostos, exceto os previstos nos arts. 153, I, II, IV, V, e 154, II, só produzirá efeitos no exercício financeiro seguinte se houver sido convertida em lei até o último dia daquele em que foi editada. (Incluído pela Emenda Constitucional nº 32, de 2001).

[94] BALEEIRO, Aliomar. *Direito tributário brasileiro*. Rio de Janeiro: Forense, 2003. p. 104.

O STF, no julgamento do Recurso Extraordinário nº 138.284/CE,[95] em 1/7/1992, rejeitou a tese de que medidas provisórias não possam instituir tributo, veja-se a parte do voto:

> Convém registrar, primeiro que tudo, que a Constituição, ao estabelecer a medida provisória como espécie de ato normativo primário, não impôs qualquer restrição no que toca à matéria. E se a medida provisória vem a se transformar em lei, a objeção perde objeto. É o que ocorreu no caso. A MP nº 22, de 06.12.88, foi convertida na Lei 7689, de 15.12.1988.
> Não seria, portanto, pelo fato de que contribuição criada, originariamente, mediante medida provisória, que seria ela inconstitucional.

Esse entendimento também pode ser encontrado em outras decisões do STF, veja-se:

> EMENTA: Recurso extraordinário. 2. Medida provisória. Força de lei. 3. A Medida Provisória, tendo força de lei, é instrumento idôneo para instituir e modificar tributos e contribuições sociais. Precedentes. 4. Agravo regimental a que se nega provimento.[96]

Entretanto, parte da doutrina não concorda com esse entendimento do STF, conforme as lições de Hugo de Brito Machado:[97]

> Medidas provisórias já não podem instituir nem aumentar impostos, salvo aqueles excluídos do princípio da anteriori-

---

[95] BRASIL. Supremo Tribunal Federal. RE nº. 138.284. TRIBUNAL PLENO julgado em 1/7/1992. *DJ*, 19 maio 1995.
[96] BRASIL. Supremo Tribunal Federal. AI n. 236976 AgR. Segunda Turma. Relator: ministro Néri da Silveira. Julgado em 17 de agosto de 1999. *DJ*, 24 set. 1999.
[97] MACHADO, Hugo de Brito. *Os princípios jurídicos da tributação na Constituição de 1988*, 2001, op. cit., p. 984.

dade tributária, prestando-se apenas como instrumento para iniciar o processo legislativo para sua instituição ou aumento. É assim porque a medida provisória que implique instituição ou majoração de impostos, exceto os previstos nos arts. 153, incisos, I, II, IV e V, 154, inciso II, só produzirá efeitos no exercício financeiro seguinte se houver sido convertida em lei até o último dia daquele em que foi editada. Como a lei somente se completa com a publicação oficial, isto quer dizer que os impostos sujeitos ao princípio da anterioridade só podem ser cobrados a partir do exercício seguinte àquele em que ocorrer a publicação da lei que os instituiu, ou aumentou.

Assim, com relação à aplicação do princípio da anterioridade às medidas provisórias, com a edição da EC nº 32, estabeleceu-se que aquelas que impliquem instituição ou majoração de imposto, exceto quanto às exceções a esse princípio previstas na CRFB, só produzirão efeitos no exercício financeiro seguinte se convertidas em lei até o último dia daquele em que foram editadas (art. 62, §2º, da CRFB/1988), sendo esse também o entendimento do STF:

> AGRAVO REGIMENTAL NO RECURSO EXTRAORDINÁRIO. CONSTITUCIONAL. TRIBUTÁRIO. PIS. EC 17/97. PRINCÍPIO DA ANTERIORIDADE NONAGESIMAL. O termo "a quo" do prazo de anterioridade previsto no art. 195, §6º, da CB/88 flui da data da publicação da medida provisória, que não perde a eficácia, se não convertida em lei, mas editado outro provimento da mesma espécie, dentro do prazo de validade de trinta dias. Precedentes. Agravo regimental a que se nega provimento.[98]

---

[98] BRASIL. Supremo Tribunal Federal. RE n. 595673 AgR. Segunda Turma. Relator: ministro Eros Grau. Julgado em 23 de junho de 2009.

3. O princípio da irretroatividade

a) A origem do princípio no texto constitucional

Como um primado da segurança jurídica e da certeza do direito, determinou o legislador constitucional, no inciso XXXVI do artigo 5º, que "a lei não prejudicará o direito adquirido, o ato jurídico perfeito e a coisa julgada". Tal vetor constitucional já seria por si só o bastante para obstar qualquer incursão do legislador tributário pelo segmento dos fatos sociais que, por se terem constituído cronologicamente antes da edição legal, ficariam a salvo de novas obrigações. Não obstante, optou o legislador constituinte de 1988 por prever, pela primeira vez, na alínea "a" do inciso III do art. 150, que: "Sem prejuízo de outras garantias asseguradas ao contribuinte, é vedado à União, aos Estados, ao Distrito Federal e aos Municípios: [...] III — cobrar tributos: a) em relação a fatos geradores ocorridos antes do início da vigência da lei que os houver instituído ou aumentado; [...]".

O princípio da irretroatividade, previsto no art. 150, inciso III, alínea "a", da CRFB/1988, veda a cobrança de tributos em relação a fatos geradores ocorridos antes do início da vigência da lei que os houver instituído ou majorado e tem como escopo a realização da segurança jurídica, resguardando o direito adquirido e o ato jurídico perfeito, dispostos no art. 5º, inciso XXXVI, da própria CRFB/1988.[99]

Esse princípio complementa, portanto, a proteção da segurança jurídica e está previsto no art. 105 do CTN,[100] que

---

[99] Constituição da República Federativa do Brasil de 1988: Art. 5º Todos são iguais perante a lei, sem distinção de qualquer natureza, garantindo-se aos brasileiros e aos estrangeiros residentes no País a inviolabilidade do direito à vida, à liberdade, à igualdade, à segurança e à propriedade, nos termos seguintes: XXXVI — a lei não prejudicará o direito adquirido, o ato jurídico perfeito e a coisa julgada.
[100] Lei nº 5.172, de 25 de outubro de 1966. Art. 105. A legislação tributária aplica-se imediatamente aos fatos geradores futuros e aos pendentes, assim entendidos aqueles cuja ocorrência tenha tido início, mas não esteja completa nos termos do artigo 116.

determina que a lei tributária se aplica aos fatos geradores pendentes, isto é, àqueles que já se iniciaram, mas ainda não foram concluídos por ocasião da edição da lei.

Assim, a lei não pode retroagir para tributar um fato que ocorreu antes da sua vigência. Isso porque esse princípio foi criado para que, quando alguém praticar certo ato relevante para o direito, deve ser informado sobre os efeitos jurídicos desse ato.

Esse princípio não se encontrava expresso nas Constituições anteriores, mas, segundo Luiz Emygdio F. da Rosa Jr.,[101] entendia-se, no entanto, que era considerado implícito como decorrência do princípio genérico de que a lei não pode prejudicar o direito adquirido, o ato jurídico perfeito e a coisa julgada.

O princípio da irretroatividade constava das Constituições de 1824 (art. 179, §3º), de 1891 (art. 11, nº 3), de 1934 (art. 113, nº 2), de 1946 (art. 141, §3º), da Carta de 1967 (art. 150, §3º) e na EC nº 01, de 1969 (art. 153, §3º). E a Lei de Introdução ao Código Civil de 1942 também consagrou a irretroatividade da lei ao dispor que "a lei em vigor terá efeito imediato, em geral respeitados o ato jurídico perfeito, o direito adquirido e a coisa julgada".

Alberto Xavier[102] entende que o princípio da irretroatividade, em matéria tributária, era um corolário do próprio princípio da legalidade tributária constante do §29 do art. 153, da CRFB de 1969, veja-se:

> Se o princípio da legalidade se compadecesse com a simples exigência de uma lei formal, ainda que esta pudesse reportar a fatos passados, a garantia que pretende oferecer aos cidadãos

---

[101] ROSA JR., Luiz Emygdio F. da. *Manual de direito financeiro e direito tributário*, 2003, op. cit., p. 352-353.
[102] XAVIER, Alberto. Anterioridade e irretroatividade: dupla inconstitucionalidade. *Revista de Direito Tributário*, n. 40, p. 54, 1987.

ficaria esvaziada de qualquer conteúdo. Do próprio fundamento político-filosófico do princípio da legalidade resulta a necessidade de se interpretar o art. 153, §29 da CF, no sentido de que convém implicitamente uma proibição constitucional da retroatividade em matéria tributária. E, por razões em tudo análogas às que elevaram o princípio da legalidade em matéria penal a configurar-se com uma regra nullum crime, nulla poena sine lege proevia, deve entender-se que aquele princípio em matéria de tributos contém em si uma regra tributum sine lege proevia.

Assim, com a CRFB/1988, pela primeira vez esse princípio encontra-se previsto no texto constitucional de forma específica.

b) Conceito

Assegura o princípio da irretroatividade que uma norma tributária que venha a criar ou majorar um determinado tributo não pode se projetar sobre os fatos ocorridos antes da entrada em vigor do seu respectivo veículo introdutor (lei). É dizer, o fato previsto na hipótese de incidência tributária há de ser um fato de ocorrência possível e futura, nunca um fato passado.

A segurança jurídica — um dos pilares do direito positivo — exige que as leis em geral tenham o timbre da irretroatividade. A necessidade de assegurar-se às pessoas a intangibilidade dos atos e fatos lícitos já praticados impõe sejam as leis irretroativas. O assunto é presidido pelo aforismo *tempus regit actum*,[103] de forma que a lei em vigor à época da ocorrência do fato é que há de ser aplicada. A regra, pois, é no sentido de que as leis tributárias, como, de resto, todas as leis, devem sempre dispor para

---

[103] *Tempus regit actum* é brocado latino que na linguagem jurídica significa dizer que o tempo rege o ato.

o futuro. Não lhes é dado abarcar o passado, ou seja, alcançar acontecimentos pretéritos. É isso que confere estabilidade e segurança às relações jurídicas entre o Fisco e o contribuinte. Segundo Luiz Emygdio F. da Rosa Júnior:[104]

> São diversos fundamentos do princípio da irretroatividade da lei: a) assegurar o primado da segurança jurídica; b) reconhecer a existência de direitos individuais, garantidos e outorgar aos direitos protegidos o caráter de imutáveis; c) traduzir o bom senso que deve estar sempre presente no direito, pois a irretroatividade da lei garante a estabilidade das relações sociais; d) se o tributo só pode ser exigido em havendo prévia lei fiscal, é indisputável que esta tem que ser anterior aos fatos que vão ser considerados imponíveis; e) a lei só pode dispor para o futuro, por ser este o efeito normal de todas as lei.

A Constituição de 1988 refere-se ao princípio da irretroatividade da lei no inciso XXXVI do art. $5^{\underline{o}}$[105] e no seu art. 150, inciso III, alínea "a", de forma mais específica.

Esse princípio, assim como o da anterioridade, também está relacionado com a eficácia da norma, pois, como anteriormente citado, sem eficácia não há incidência e esta significa que a um fato ocorrido, posterior ou anteriormente à vigência da lei, deu-se a configuração normativa. Tratando-se, por exemplo, de uma configuração subjetiva, fala-se em direito adquirido. Assim, o princípio da irretroatividade, tal como previsto no art. $5^{\underline{o}}$, inciso XXXVI, da CRFB/1988, tem a ver com a incidência subjetiva e objetiva (direito adquirido e ato jurídico perfeito). Ocorrida a

---

[104] ROSA JR., Luiz Emygdio F. da. *Manual de direito financeiro e direito tributário*, 2003, op. cit., p. 353.
[105] XXXVI — a lei não prejudicará o direito adquirido, o ato jurídico perfeito e a coisa julgada.

incidência de norma válida, vigente e eficaz, uma norma nova, vigente a partir de sua publicação, não pode retroagir (eficácia) a incidência anterior.

O art. 106 do CTN dispõe que:

> Art. 106. A lei aplica-se a ato ou fato pretérito:
> I — em qualquer caso, quando seja expressamente interpretativa, excluída a aplicação de penalidade à infração dos dispositivos interpretados;
> II — tratando-se de ato não definitivamente julgado:
> a) quando deixe de defini-lo como infração;
> b) quando deixe de tratá-lo como contrário a qualquer exigência de ação ou omissão, desde que não tenha sido fraudulento e não tenha implicado em falta de pagamento de tributo;
> c) quando lhe comine penalidade menos severa que a prevista na lei vigente ao tempo da sua prática.

Encontra-se, portanto, nesse dispositivo uma exceção ao princípio da irretroatividade, por autorizar a retroatividade da lei a fatos pretéritos. O primeiro caso, disposto no inciso I, são das chamadas leis interpretativas, que são feitas para interpretar uma norma anterior e editadas para esclarecer normas anteriores, mas que não criam e nem majoram tributos.

O segundo inciso do art. 106 do CTN, em suas alíneas, dispõe sobre as leis que tratam de penalidades tributárias e possam ser mais benéficas ao contribuinte, também conhecido como retroatividade benigna. Assim, se a lei nova diminuir uma sanção ou disser que certa conduta não mais se caracteriza sob o *status* infracional, isso quer dizer que o legislador autoriza e determina que se puna com menos rigor aquela conduta ou que se deixe de punir, por aceitar aquela conduta anteriormente não aceita na sociedade. É o caso, por exemplo, quando uma nova lei diminui o valor de uma multa cobrada pelo descumprimento de uma obrigação acessória. Nesse sentido, aqueles contribuintes que foram penalizados pelo descumprimento dessa obrigação são beneficiados e não poderão pagar a multa com valor menor do que o anteriormente previsto. Mas ressalte-se que esse benefício só atinge os casos em que ainda não houve o pagamento da multa, pois, se o pagamento já ocorreu, tem-se o chamado ato jurídico perfeito, que não pode ser modificado por novas leis, conforme disposto na CRFB/1988, em seu art. 5º, inciso XXXVI, e no art. 6º, da LICC.[106] Esse é o entendimento para que seja preservada a segurança das relações jurídicas.

Essa questão é sempre enfrentada na jurisprudência, mas o entendimento que prevalece no STJ é pela aplicação da lei mais benéfica somente nos casos em que ainda não houve o pagamento, veja o entendimento do ministro Milton Luiz Pereira proferido no voto do RESP nº 200.781/RS:[107] "[...] o art. 106, inciso II, alínea 'c', do CTN permite que a lei posterior, por ser mais benéfica, se aplique aos fatos pretéritos, desde que o ato não esteja definitivamente julgado. [...]".

Sendo esse também o entendimento do STF, conforme pode ser verificado no Informativo nº 368 de outubro de 2004 que publicou o acórdão do RE nº 407.190/RS.[108]

Outra questão importante que se discute é se há necessidade ou não de que tenha sido instaurado um processo administrativo ou judicial, pois o art. 106, no seu inciso II, fala em "tratando-se de ato não definitivamente julgado". Mas essa questão ainda

---

[106] Decreto-lei nº 4.657, de 4 de setembro de 1942. Art. 6º A Lei em vigor terá efeito imediato e geral, respeitados o ato jurídico perfeito, o direito adquirido e a coisa julgada (Redação dada pela Lei nº 3.238, de 1957).
[107] BRASIL. Superior Tribunal de Justiça. RESP n. 200.781-RS. Relator: ministro Milton Luiz Pereira.
[108] BRASIL. Supremo Tribunal Federal. RE n. 407.190-RS. Relator: ministro Marco Aurélio.

não está pacificada e por isso gera controvérsia na doutrina. Conforme o entendimento de Hugo de Brito Machado:[109]

> Ato não definitivamente julgado, portanto, é aquele que ainda pode ser questionado. E assim há de ser considerado tanto aquele que não foi colocado como objeto de controvérsia administrativa ou judicial, como aquele que, tendo sido questionado, não é ainda objeto de decisão judicial com trânsito em julgado. O ato apreciado em processo administrativo, mesmo com decisão definitiva na via administrativa, ainda não é definitivamente julgado, mesmo que não tenha havido iniciativa do contribuinte de ingressar em juízo para questioná-lo. Basta ainda seja possível o questionamento.

Se for o caso de tratar-se de uma conduta omissiva ou comissiva que, com uma nova lei, tal conduta passe a não ser mais contrária ao ordenamento jurídico, desde que não haja qualquer fraude do sujeito passivo, e não implicando em falta de pagamento do tributo, deverá a lei nova retroagir também nesse caso.

As maiores discussões sobre o princípio da irretroatividade residem nos fatos geradores denominados "pendentes". A controvérsia existência desses fatos decorre de uma não menos controversa classificação dos fatos geradores dos tributos periódicos ou instantâneos.

A doutrina majoritária defende a impossibilidade da tributação dos fatos geradores pendentes, ressaltando-se o pensamento de Luciano Amaro,[110] que representa o maior expoente dessa corrente:

---
[109] MACHADO, Hugo de Brito. *Os princípios jurídicos da tributação na Constituição de 1988*, 2001, op. cit., p. 176-177.
[110] AMARO, Luciano. *Direito tributário brasileiro*, 2003, op. cit.

Se acolher a crítica que autorizada doutrina (Geraldo Ataliba; Paulo de Barros Carvalho) faz à classificação dos fatos geradores em instantâneos e periódicos, deve-se reconhecer que o tributo incide sobre a soma algébrica de diversos dados pertinentes ao ano-base (ou ao exercício social, no caso de pessoas jurídicas), e, portanto, só se pode afirmar a consumação ou o aperfeiçoamento do fato gerador com o término do período de sua formação. Ou seja, é necessário que se esgote o ciclo de sua formação (prevista em lei), para que ele se repute perfeito como fato gerador. Os ganhos obtidos, por exemplo, no início do período podem ser absorvidos por deduções ou abatimentos que se realizem posteriormente, até o final do ciclo, por isso não se pode sustentar que, desde o primeiro rendimento auferido no ano, já se instaura a relação obrigacional tributária; se o fato gerador periódico ainda não se consumou, inexiste a obrigação. Enfim, é preciso aguardar-se o término do período de formação, para que se possa atestar a própria existência do fato gerador (e não apenas sua dimensão). [...]

É realmente inacreditável que se continue insistindo em que a renda que não foi ganha até 31 de dezembro (ou 1º de janeiro) considera-se ganha nessa época, e que, portanto, a lei seria retroativa, considera-se não retroativa e, em decorrência, o que a Constituição exigia considera-se não mais exigido — tudo por força das virtualidades mágicas da lei ordinária. Isso revela profundas desconsiderações pela lei fundamental, desprezo que culmina — quando se traz à colação o princípio da anterioridade — com a assertiva de que só exige lei anterior ao lançamento do tributo, como, se, transpondo a questão do direito penal, bastasse lei anterior ao "lançamento da pena" pelo Estado, no lugar de lei anterior ao delito. Não podemos compactuar com equívocos tão irritantes quanto antigos, e, de costas voltadas para a Constituição, continuar a constituir aquilo que ela, solenemente, proíbe.

O grande problema dessa classificação é que, nos fatos geradores ditos periódicos (aqueles que se prolongam no tempo, gerando a cada período concluído uma nova obrigação tributária, como é o caso do IPVA), a lei estipula exatamente o instante da completude e perfeição, o que faz com que tais fatos possam ser tratados como instantâneos, sendo-lhes aplicável a legislação vigente na data em que a lei define como verificado o fato gerador do tributo.

Nesse caso, tem-se a CSLL e o IR como impostos de fatos geradores periódicos e por isso que há a discussão sobre a aplicação desse princípio. Não obstante o entendimento do STF, a Súmula nº 584[111] parece simplesmente desprezar tanto a anterioridade quanto a irretroatividade, sendo certo que em diversos precedentes o STF reafirma a plena vigência da Súmula. Mas nesses julgados, a princípio, não foi analisado o princípio da anterioridade, assim, pode ser que, quando da apreciação da matéria pelo STF com base na análise da aplicação do princípio da anterioridade, a Corte mude o seu entendimento. E ressalte-se que há um recurso extraordinário em julgamento no Tribunal que pode definir a matéria, ainda pendente de julgamento (RE nº 183.130/PR).

No STJ há precedentes afirmando a inaplicabilidade do entendimento da Súmula nº 584 do STF[112] sob o entendimento de que ela foi construída à luz de legislação anterior ao CTN e que a tributação do Imposto de Renda deve decorrer "de concreta disponibilidade ou da aquisição de renda".[113]

---

[111] Ao imposto de renda calculado sobre os rendimentos do ano-base, aplica-se a lei vigente no exercício financeiro em que deve ser dada a declaração.
[112] BRASIL. Supremo Tribunal Federal. STF Súmula nº 584 — 15/12/1976 — DJ, 3 jan. 1977, p. 6; DJ, 4 jan. 1977, p. 38; DJ, 5 jan. 977, p. 62. Ao imposto de renda calculado sobre os rendimentos do ano-base, aplica-se a lei vigente no exercício financeiro em que deve ser apresentada a declaração.
[113] BRASIL. Superior Tribunal de justiça. Resp n. 179.966-RS. Primeira Turma. Relator: ministro Milton Luiz Pereira. DJ, 25 fev. 2002.

Na realidade, o que se verifica é o esvaziamento dos pressupostos teóricos da Súmula nº 584 do STF, considerando a impossibilidade de separação entre o fato e seus efeitos, assim como a antinomia da referida súmula com o texto constitucional.

Questões de automonitoramento

1. Após ler o material, você é capaz de resumir o caso gerador do capítulo 5, identificando as partes envolvidas, os problemas atinentes e as soluções cabíveis?
2. Qual a relação entre os princípios da anterioridade e da irretroatividade e o poder de tributar do Estado?
3. Relacione o fato gerador do imposto de renda ao princípio da irretroatividade tributária.
4. É aplicável o princípio da anualidade aos tributos? Qual seria a diferença desse princípio para o da anterioridade?
5. Pense e descreva, mentalmente, alternativas para a solução do caso gerador do capítulo 5.

3

Confisco, liberdade de tráfego, outros princípios

Roteiro de estudo

1. Princípio do não confisco

A Constituição Federal de 1988 estabeleceu, no art. 150, inciso IV,[114] que a União Federal, os estados, o Distrito Federal e os municípios não poderão instituir tributo com efeito de confisco.

Nesse contexto, é válido lembrar que tal disposição, ao lado dos princípios da capacidade econômica de contribuir (capacidade contributiva) e da isonomia, liga-se à ideia de proteção ao valor justiça, eleito como um dos valores supremos do estado democrático de direito brasileiro.[115]

---

[114] Constituição da República Federativa do Brasil de 1988: Ver art. 150. IV — utilizar tributo com efeito de confisco.
[115] Preâmbulo da Constituição Federal de 1988: "Nós, representantes do povo brasileiro, reunidos em Assembleia Nacional Constituinte para instituir um Estado Democrático, destinado a assegurar o exercício dos direitos sociais e individuais, a liberdade, a segurança, o bem-estar, o desenvolvimento, a igualdade e a justiça como valores

Com efeito, o princípio constitucional do não confisco mostra-se como corolário ao princípio da capacidade contributiva, na medida em que a tributação deve recair apenas sobre a parcela do patrimônio do sujeito passivo que revele sua possibilidade para contribuir, em última análise, com as despesas estatais.

Neste sentido, a vedação à confiscatoriedade configura verdadeiro limite da capacidade contributiva. Em outras palavras, a tributação que ultrapasse capacidade contributiva de determinado sujeito passivo será, consequentemente, confiscatória, pois afetará o mínimo existencial.[116]

Além de encerrar em si mesmo uma carga axiológica de moralidade, o princípio do não confisco também tem um fundamento econômico, que se revela à medida que se analisa a finalidade da arrecadação tributária.

De fato, as receitas tributárias são essenciais para a manutenção das atividades estatais; se for estabelecido um nível de tributação tão alto, a ponto de sufocar as próprias fontes produtoras de riqueza tributável, a consequência não será outra que a sua extinção, o que ocasionará a diminuição da arrecadação.

Assim, destaca-se que, entre as raízes do princípio do não confisco — além do princípio da capacidade contributiva, como

---

supremos de uma sociedade fraterna, pluralista e sem preconceitos, fundada na harmonia social e comprometida, na ordem interna e internacional, com a solução pacífica das controvérsias, promulgamos, sob a proteção de Deus, a seguinte CONSTITUIÇÃO DA REPÚBLICA FEDERATIVA DO BRASIL". (Os grifos não são do original)
[116] Vale mencionar o entendimento de Torres, sobre o conceito de mínimo existencial: "Não tendo o mínimo existencial dicção constitucional própria, deve-se procurá-lo na ideia de liberdade, nos princípios constitucionais da igualdade, do devido processo legal e da livre-iniciativa, nos direitos humanos e nas imunidades e privilégios do cidadão. Carece o mínimo existencial de conteúdo específico. Abrange qualquer direito, ainda que originariamente não fundamental (direito à saúde, à alimentação, etc.), considerado em sua dimensão essencial e inalienável. Não é mensurável, por envolver mais os aspectos de qualidade que de quantidade, o que torna difícil estremá-lo, em sua região periférica, do máximo de utilidade (maximum welfare, Nutzenmaximierung), que é princípio ligado à ideia de justiça e de redistribuição da riqueza social". TORRES, Ricardo Lobo. *Tratado de direito constitucional financeiro e tributário*. Rio de Janeiro: Renovar, 1999. v. III, p. 144.

anteriormente descrito —, está o direito à propriedade privada, previsto, dentro outros, no art. 170, inciso II, da CRFB/1988.[117] De acordo com Ricardo Lobo Torres,[118]

> A propriedade privada, no constitucionalismo do Ocidente, é direito fundamental, humano ou natural, formas diversas de expressar a mesma ideia. *Entende, portanto, com a própria liberdade do homem, valor que afinal se protege pela proibição de tributos confiscatórios.* (Os grifos não são do original)

Nesse sentido, esclarece Fernando Lemme Weiss[119] que o princípio do não confisco não precisaria estar expresso no texto constitucional, uma vez que é consectário lógico dos princípios da capacidade contributiva e do direito à propriedade, pondo-se, então, como um princípio de segundo grau (derivado).

Se os fundamentos do referido princípio não são matéria de intenso debate, sua definição, por outro lado, é matéria controvertida na doutrina e jurisprudência brasileira. Cabe citar o entendimento de renomados tributaristas pátrios, como o de Roque Antônio Carraza,[120] para quem

> [...] O princípio da não confiscatoriedade limita o direito que as pessoas políticas têm de expropriar bens privados. Assim, os impostos devem ser graduados de modo a não incidir sobre as

---

[117] Constituição da República Federativa do Brasil de 1988: Art. 170. A ordem econômica, fundada na valorização do trabalho humano e na livre-iniciativa, tem por fim assegurar a todos existência digna, conforme os ditames da justiça social, observados os seguintes princípios: II — propriedade privada.
[118] TORRES, Ricardo Lobo. *Tratado de direito constitucional financeiro e tributário*, 1999, op. cit., v. III, p. 130-131.
[119] WEISS, Fernando Lemme. Princípios tributários. In ROCHA, Sergio André (Coord.). *Curso de direito tributário*. São Paulo: Quartier Latin, 2011. p. 105.
[120] CARRAZA, Roque Antônio. *Curso de direito constitucional tributário*. 25. ed. São Paulo: Malheiros, 2008. p. 108.

fontes produtoras de riqueza dos contribuintes e, portanto, a não atacar a consistência originária das suas fontes de ganho. É confiscatório o tributo que incide sobre correções monetárias, que, como se sabe, não revelam aumento de riqueza (e, nesta medida, aumento de capacidade contributiva), mas simples recomposições do valor de troca da moeda. Também padece desta inconstitucionalidade o tributo que alcança meros sinais exteriores de riqueza, ou seja, indícios, não confirmados pelos fatos, de aumento da aptidão econômica do contribuinte. Estamos confirmando, destarte, que a norma constitucional que impede que os tributos sejam utilizados "com efeito de confisco", além de criar um limite explícito às discriminações arbitrárias de contribuintes, reforça o direito de propriedade. Assim, por exemplo, em função dela, nenhuma pessoa, física ou jurídica, pode ser tributada por fatos que estão fora da regra--matriz constitucional do tributo que lhe está sendo exigido, porque isto faz perigar o direito de propriedade.

Portanto, o princípio da não confiscatoriedade exige do legislador, conduta marcada pelo equilíbrio, pela moderação e pela medida, na quantificação dos tributos, *tudo tendo em vista um direito tributário justo*. (Os grifos não são do original)

Nas palavras de Hugo de Brito Machado,[121] "tributo com efeito de confisco é tributo que, por ser excessivamente oneroso, seja sentido pelo contribuinte como penalidade". E especifica que

> [...] em se tratando de imposto sobre o patrimônio, poder-se-ia considerar confiscatório aquele imposto que os doutrinadores classificam como imposto real sobre o patrimônio, isto é, aquele

---

[121] MACHADO, Hugo de Brito. Tributo com efeito de confisco. *Revista Dialética de Direito Tributário*, São Paulo, n. 166, p. 93, 2009.

para cujo pagamento a renda produzida pelo patrimônio não é suficiente, *vendo-se o contribuinte obrigado a desfazer-se de parte de seu patrimônio para poder pagar o imposto*. (Os grifos não são do original)

Em suma, entende-se como tributação confiscatória aquela que, ultrapassando a capacidade contributiva, adentra na esfera patrimonial do próprio sujeito passivo (pessoa física ou jurídica), afetando-a de forma irreversível.

Um problema que se coloca quando do estudo do princípio do não confisco é relacionado à sua extensão: a interpretação sobre a confiscatoriedade deverá ser feita apenas sobre um tributo específico ou sobre a tributação enquanto sistema integrado?

Lembre-se de que o sistema tributário brasileiro não comporta apenas um único tributo. Na verdade, cada ente tributante pode instituir vários tributos, os quais, individualmente, podem parecer respeitar a capacidade contributiva de determinado sujeito passivo, mas, compreendidos como um todo, são capazes de ultrapassá-la e afetar o mínimo existencial subjacente.

Cabe ressaltar que tal problema foi apreciado pelo STF, nos autos da Medida Cautelar em Ação Direta de Inconstitucionalidade nº 2.010/DF.

A questão se colocava da seguinte forma: violava a vedação ao confisco a contribuição instituída por meio da Lei nº 9.783/1999?[122] Tal contribuição tinha por objeto o custeio do regime de previdência social dos servidores públicos civis da União Federal (ativos ou inativos), e incidia à alíquota de 11% sobre a totalidade da remuneração de contribuição, do provento ou da pensão.

Entre outros vícios da referida lei, arguiu-se, na ocasião da propositura da ação constitucional, que tal contribuição era

---

[122] A Lei nº 9.783/99 foi revogada pela Lei nº 10.887 de 2004.

confiscatória, na medida em que sua base de cálculo era bastante similar à do Imposto sobre a Renda das Pessoas Físicas e que, somadas as alíquotas dos dois tributos, determinado servidor poderia ficar sujeito ao pagamento de quase a metade dos vencimentos a que fazia jus.

Neste caso, o STF decidiu ser confiscatória tal contribuição. O voto do ministro Maurício Corrêa[123] resume bem a tese adotada por aquele tribunal:

> [...] *Estou em que se somar o imposto de renda com a contribuição de ora se cuida, o servidor terá de pagar, aproximadamente, 47% (quarenta e sete por cento) do que recebe. É por isso que o caráter confiscatório transparece no conjunto formado por essas duas taxações.* Se o imposto de renda fosse objeto de julgamento agora, ter-se-ia que levar em conta a contribuição, visto que os dois tipos compõem o total que alcança o confisco, que me parece ser a hipótese em exame.
>
> Se estivéssemos no Canadá, nos Estados Unidos, na Alemanha, na Inglaterra, ou em qualquer outro país de notória rigidez organizacional, econômica e social, diria que as alíquotas em questão não seriam confiscatórias. Tais países, por possuírem um sistema de garantia de serviços básicos essenciais de primeiro mundo podem até mesmo exigir maior sacrifício do contribuinte, sem que se realize o confisco. Contudo, estamos no Brasil onde a maioria dos servidores públicos não recebe um centavo de aumento há aproximadamente cinco anos, a não ser algumas categorias que o Governo tem prestigiado, como a Receita, a Polícia Federal e alguns outros setores da Administração Pública. *Na realidade, tirar-lhe mais nove, quatorze por*

---

[123] BRASIL. Supremo Tribunal Federal. Medida Cautelar na Ação Direta de Inconstitucionalidade n. 2010-DF. Relator: ministro Celso de Mello. Julgado em 30 de setembro de 1999. *DJ*, 12 abr. 2002.

cento, como quer a lei, mexe profundamente com a segurança de sua própria existência e é exatamente em função desses aspectos que se acentua a natureza confiscatória das imposições. (Os grifos não são do original)

Por outro lado, o princípio do não confisco parece encontrar uma exceção nos casos em que determinado tributo atenda à função extrafiscal. É o caso do Imposto sobre a Propriedade Territorial Urbana (IPTU), no que se refere à sua progressividade em razão do tempo.

Nesse caso, o objetivo do mencionado imposto, analisado sob seu caráter extrafiscal, é garantir que a propriedade urbana tenha a respectiva função social realizada pelo proprietário.

Com efeito, a própria Constituição Federal de 1988, em seu art. 182, §4º,[124] faculta ao poder público municipal a imposição do imposto mais alto ao sujeito passivo que mantiver improdutiva sua propriedade urbana, ou que, por qualquer outro motivo, desatenda sua função social.

Entretanto, Hugo de Brito Machado ressalva que mesmo a finalidade extrafiscal de determinado tributo encontra resistência no princípio em estudo. Nos termos de sua lição,

Não nos parece que o simples fato de ser instituído o tributo com determinada finalidade extrafiscal visando a realização de um

---

[124] Eis a redação do art. 182, §4º: "Art. 182. A política de desenvolvimento urbano, executada pelo Poder Público municipal, conforme diretrizes gerais fixadas em lei, tem por objetivo ordenar o pleno desenvolvimento das funções sociais da cidade e garantir o bem-estar de seus habitantes. [...]
§4º — É facultado ao Poder Público municipal, mediante lei específica para área incluída no plano diretor, exigir, nos termos da lei federal, do proprietário do solo urbano não edificado, subutilizado ou não utilizado, que promova seu adequado aproveitamento, sob pena, sucessivamente, de:
[...]
II — imposto sobre a propriedade predial e territorial urbana progressivo no tempo;

valor constitucionalmente consagrado possa afastar inteiramente o princípio da vedação do tributo com efeito de confisco. A nosso ver o que se há de fazer em tais casos é o balanceamento dos princípios. E em especial a aplicação do princípio da proporcionalidade [...] Assim, diante do conflito entre o princípio da vedação do tributo com efeito de confisco, e um preceito constitucional que consagra determinado valor, a aceitação de um tributo confiscatório como instrumento de realização desse valor há de submeter-se ao teste da proporcionalidade e da razoabilidade, como forma de controle contra o arbítrio. [...] *Em outras palavras, o tributo confiscatório somente será válido se for um meio adequado, necessário e não excessivo para a realização do valor constitucionalmente consagrado.* (Os grifos não são do original)

Por fim, outra questão relevante é saber se tal diretriz constitucional encontra aplicabilidade com relação às multas fiscais, as quais são, em vários casos, impostas a patamares superiores a 100% do imposto que eventualmente tenha deixado de ser recolhido pelo sujeito passivo.

Parte da doutrina brasileira entende que o princípio do não confisco alcança as multas tributárias, compreendendo que a aplicação das sanções tributárias deva respeitar a capacidade contributiva do sujeito passivo transgressor da norma tributária.

O STF já teve a oportunidade de decidir neste sentido, nos autos da Medida Cautelar em Ação Direta de Inconstitucionalidade nº 1.075/DF,[125] de relatoria do ministro Celso de Mello. De acordo com o relator, o art. 3º e seu parágrafo único, da Lei nº 8.846/1994, ao determinar a aplicação de multa de 300%

---

[125] BRASIL. Supremo Tribunal Federal. Medida Cautelar na Ação Direta de Inconstitucionalidade n. 1075-DF. Relator: ministro Celso de Mello. Julgado em 17 de junho de 1998. *DJ*, 24 nov. 2006.

incidente sobre o valor do bem objeto da operação de venda ou sobre o valor do serviço prestado sem a emissão da nota fiscal, ou de outro documento equivalente, violou a disposição constitucional da vedação ao confisco. Em suas palavras:

> É inquestionável, Senhores Ministros, considerando-se a realidade normativa emergente do ordenamento constitucional brasileiro, que nenhum tributo — e, por extensão, *nenhuma penalidade pecuniária oriunda do descumprimento de obrigações tributárias principais ou acessórias — poderá revestir-se de efeito confiscatório.* [...]
> *Revela-se inquestionável, dessa maneira, que o "quantum" excessivo dos tributos ou das multas tributárias, desde que irrazoavelmente fixado em valor que comprometa o patrimônio ou ultrapasse o limite da capacidade contributiva da pessoa, incide na limitação constitucional,* hoje expressamente inscrita no art. 150, IV, da Carta Política, que veda a utilização de prestações tributárias com efeito confiscatório [...].
> A proibição constitucional do confisco em matéria tributária nada mais representa senão a interdição, pela Carta Política, *de qualquer pretensão governamental que possa conduzir, no campo da fiscalidade* — trate-se de tributos não vinculados ou cuide-se de tributos vinculados —, à injusta apropriação estatal, no todo ou em parte, do patrimônio ou dos rendimentos dos contribuintes, comprometendo-lhes, pela insuportabilidade da carga tributária, o exercício do direito a uma existência digna, a prática de atividade profissional lícita e a regular satisfação de suas necessidades vitais (educação, saúde e habitação, por exemplo). (Os grifos não são do original)

Cabe ressaltar, no entanto, que esse entendimento não é pacífico; Hugo de Brito Machado explicita que tributo e multa são dois institutos diferentes, e que, dessa forma, têm disciplinas normativas distintas. O referido autor salienta que "as multas, como as sanções em geral, devem ser limitadas pelos princípios da proporcionalidade e da razoabilidade".[126]

2. Princípio da liberdade de tráfego

Outro princípio que o constituinte decidiu positivar na Carta Fundamental foi o da liberdade de tráfego (art. 150, inciso V, CRFB/1988).[127] Tal diretriz constitucional está intimamente ligada ao pacto federativo, forma de organização do Estado brasileiro.

Tal limitação no poder constitucional de tributar compreende verdadeira vedação à eventual criação de tributo cujo aspecto material da respectiva hipótese de incidência seja o mero deslocamento entre municípios ou estados dentro da Federação, ressalvando-se o pedágio,[128] cobrado em razão da conservação das vias públicas pela administração pública.

Nesse sentido, o princípio da liberdade de tráfego tem fulcro na liberdade de ir e vir. Nas palavras de Ricardo Lobo Torres,[129]

> Todos os cidadãos, no Brasil, têm o direito de se locomover de um para outro município ou de um para outro Estado, sem que precisem de permissão da autoridade judicial ou policial e sem que necessitem pagar qualquer tributo. A liberdade de ir e vir compreende assim a locomoção sobre os próprios pés como a que se faz por intermédio de veículos terrestres, marítimos ou aéreos.

---

[126] MACHADO, Hugo de Brito. "Tributo com efeito de confisco", 2009, op. cit., p. 112.
[127] Constituição da República Federativa do Brasil de 1988: Ver art. 150. V — estabelecer limitações ao tráfego de pessoas ou bens, por meio de tributos interestaduais ou intermunicipais, ressalvada a cobrança de pedágio pela utilização de vias conservadas pelo Poder Público.
[128] Sobre pedágio, ver Sessão II sobre taxa, item e.3 desta apostila.
[129] TORRES, Ricardo Lobo. *Tratado de direito constitucional financeiro e tributário*, 1999, op. cit., v. III. p. 100-101.

Nos Estados Unidos, diante da inexistência de dispositivo constitucional explícito que assegure o direito de locomoção, a Suprema Corte fundamentou inicialmente a imunidade aos impostos sobre o tráfego de pessoas no princípio do federalismo, lançado dois argumentos principais: o primeiro foi o da existência de um território nacional sem obstáculos internos; o outro se baseou em que o tributo alcançaria a União, no transporte das tropas através das fronteiras estaduais, donde resulta que a imunidade aos tributos interestaduais teria justificativa semelhante à da imunidade recíproca. [...]
Nenhuma influência têm, para a garantia da liberdade de locomoção e para a respectiva imunidade fiscal, as considerações de justiça, de conveniência política ou de desenvolvimento econômico. Só a liberdade absoluta interessa. (Os grifos não são do original)

Ponto polêmico é o de identificar a natureza jurídica do pedágio, mencionado na parte final do art. 150, inciso V, da Constituição Federal de 1988. Parte da doutrina brasileira defende o entendimento de que tal instituto configuraria uma sexta espécie tributária (para os doutrinadores filiados à teoria quinquipartite). Cite-se, por exemplo, a lição de Luiz Emygdio F. da Rosa Junior,[130] para quem "se o constituinte entendesse que a receita relativa ao pedágio não tinha natureza tributária, não havia por que fazer a ressalva".

Por outro lado, o fato de o constituinte haver ressalvado o pedágio é indicativo que reforça a razão pela qual tal instituto não teria caráter tributário, no entender de Sacha Calmon Navarro Coelho.[131] Para o mencionado doutrinador, o pedágio

---

[130] ROSA JUNIOR, Luiz Emygdio F. da. *Manual de direito financeiro e tributário*, 2003, op. cit., p. 322.
[131] CÔELHO, Sacha Calmon Navarro. *Curso de direito tributário brasileiro*. Rio de Janeiro: Forense, 2006. p. 284.

caracterizaria preço público, pois "o uso de bem público não enseja tributos".[132]

Interessante destacar que a Segunda Turma do STF, ao analisar os autos do Recurso Extraordinário nº 181.475/RS,[133] decidiu que o pedágio instituído por meio da Lei nº 7.712/1988[134] tinha caráter tributário, constituindo-se em autêntica taxa:

> EMENTA: — CONSTITUCIONAL. TRIBUTÁRIO. PEDÁGIO. Lei 7.712, de 22.12.88. I.— Pedágio: natureza jurídica: taxa: C.F., art. 145, II, art. 150, V. II.— Legitimidade constitucional do pedágio instituído pela Lei 7.712, de 1988. III.— R.E. não conhecido.

Entretanto, isso não quer dizer que qualquer pedágio pode ser considerado taxa. O próprio STF, em julgado recente,[135] entendeu que a análise dos fatos para decidir em um ou noutro sentido seria necessária.

No acórdão proferido nos autos do mencionado julgado, o ministro relator Joaquim Barbosa afirmou que, para reformar o acórdão recorrido (o qual havia decidido que determinado pedágio constituía verdadeira taxa, *em razão de não haver estradas alternativas em determinado trecho*), seria imprescindível a reabertura da instrução probatória, consignando que são inaplicáveis os precedentes proferidos em outros casos, tendo em vista a natureza fática da questão.

---

[132] Ibid., p. 472.
[133] BRASIL. Supremo Tribunal Federal. Recurso Extraordinário nº 181.475-RS. Relator: ministro Carlos Velloso. Julgado em 4 de maio de 1999. *DJ*, 25 jun. 1999.
[134] A Lei nº 7.712/1988 foi revogada pela Lei nº 8.075 de 1990.
[135] BRASIL. Supremo Tribunal Federal. Agravo Regimental no Agravo de Instrumento n. 531.529-RS. Relator: ministro Joaquim Barbosa. Julgado em 6 de abril de 2010. *DJ*, 7 maio 2010.

3. Princípio da proteção à confiança legítima

O princípio da proteção à confiança legítima, ao contrário dos dois anteriores, não foi positivado na Carta Fundamental de 1988. Sua leitura deriva da interpretação dos valores e outros princípios estabelecidos pela ordem constitucional vigente.

Com efeito, a proteção à confiança legítima associa-se à ideia de segurança jurídica, mas, de acordo com Ricardo Lodi Ribeiro,[136] não com seu aspecto clássico (segurança jurídica objetiva, relacionada unicamente à legalidade), e sim com sua dimensão subjetiva (segurança jurídica como proteção à boa-fé do cidadão na interpretação da lei realizada pela administração em sentido amplo):

> Até meados do século XX, o valor da segurança jurídica era estudado apenas em sua feição objetiva, vinculada à certeza do ordenamento jurídico pela garantia da estabilidade das relações jurídicas, representada pelo princípio da legalidade, o que incluía, no máximo, uma dimensão temporal, identificada na garantia da irretroatividade das ações estatais. Porém, com a crise do positivismo formalista do Estado Social e Democrático de Direito, restou fortalecida a consciência de que a norma não se resume ao seu texto, só se completando com a sua concreção em relação ao âmbito revelado pela realidade social que pretende regular. Em consequência, a previsão da certeza no plano abstrato da lei, garantida pelos princípios da legalidade e da irretroatividade, presta limitada tutela ao valor da segurança do cidadão se for desprezada a sua dimensão subjetiva, extraída das expectativas criadas pela interpretação que a norma vem recebendo no plano da aplicação aos casos concretos.

---

[136] RIBEIRO, Ricardo Lodi. *A segurança jurídica do contribuinte*: legalidade, não surpresa e proteção à confiança legítima. Rio de Janeiro: Lumen Juris, 2008. p. 227-228.

Decorre daí a necessidade de estabelecer a irretroatividade também no plano da aplicação da norma pelo Estado, protegendo os direitos fundamentais oriundos da interpretação e efetivação desta pela Administração Pública, em relação a novas diretrizes adotadas por esta em relação a um ordenamento que não sofreu alteração, como consequência à abertura da normatividade à maior atuação do Poder Executivo e pela substituição da legalidade pela juridicidade. Se hoje é amplamente reconhecido que a normatização não é monopólio do legislador, a proteção que a segurança jurídica oferece em relação à aplicação retroativa do Direito não pode estar restrita à alteração da lei em sentido formal.

Assim, modernamente, partindo de contribuições da doutrina e da jurisprudência no Direito Administrativo alemão, *o aludido valor passa a ser examinado em sua dimensão subjetiva, revelada pela calculabilidade e previsibilidade dos indivíduos em relação aos efeitos jurídicos dos atos do poder público*, com a tutela da proteção da confiança depositada pelos administrados na legitimidade dos atos estatais. (Os grifos não são do original)

Nesse sentido, ressalta-se que o direito positivo é veiculado por meio de leis, que, por sua vez, são construídas a partir da linguagem, que é inerentemente ambígua e incerta. Assim, a estabilidade apenas da regra escrita, enquanto tal, é insuficiente para que seja alcançado o ideal de segurança jurídica que informa as relações entre o Estado-administrador e o administrado. Faz-se necessário, em igual medida, assegurar a estabilidade das interpretações que o poder público possa dar às diversas normas jurídicas, projetando-se ferramentas para a sua proteção, em caso de alteração radical de entendimento.

A verdadeira ideia de segurança consiste na não alteração (ou alteração gradual) de determinada situação jurídica consolidada pelo tempo — ainda que tal posição venha a ser considerada ilegítima posteriormente. Nas palavras de Gilmar Ferreira Mendes,[137]

> Situações ou posições consolidadas podem assentar-se até mesmo em um quadro inicial de ilicitude.
> Nesse contexto assume relevância o debate sobre a anulação de atos administrativos, em decorrência de sua eventual ilicitude. Igualmente relevante se afigura a controvérsia sobre a legitimidade ou não da revogação de certos atos da Administração depois de decorrido determinado prazo.
> *Em geral, associam-se aqui elementos de vária ordem ligados à boa-fé da pessoa afetada pela medida, a confiança depositada na inalterabilidade da situação e o decurso de tempo razoável.* (Os grifos não são do original)

Entretanto, o princípio da proteção à confiança legítima não é aplicável sem antes mensurar-se o seu impacto na situação concreta. Isso porque é necessário, antes de tudo, perquirir se a confiança de determinado administrado seria digna de proteção (em detrimento do interesse público que ficará prejudicado com a manutenção de ato ilegítimo), bem como se o cidadão acreditava, de fato, na existência (válida) do ato administrativo em análise.[138]

Com efeito, nos casos em que tenha havido grave culpa na edição de certo ato administrativo, ou mesmo conluio entre o administrado e o cidadão beneficiado por tal ato, não seria razoável considerar que a "confiança" depositada seria digna

---

[137] MENDES, Gilmar Ferreira. *Curso de direito constitucional*. 4. ed. rev. e atual. São Paulo: Saraiva, 2009. p. 532.
[138] Hartmut Maurer apud RIBEIRO, Ricardo Lodi. *A segurança jurídica do contribuinte*, 2008, op. cit., p. 232.

de proteção, sob pena de infligir outros valores e princípios constitucionais, como a justiça e a moralidade.

De toda forma, se tal problemática é comum às mais diversas matérias jurídicas, ela é especialmente relevante no que concerne ao direito tributário, que é baseado no interesse social e na tensão entre o contribuinte e o Estado-fiscal.

O Código Tributário Nacional, em seu artigo 146,[139] estabelece que as mudanças no critério jurídico adotado pela autoridade fiscal não poderão prejudicar determinado sujeito passivo, no que se refere a fatos geradores ocorridos antes da referida mudança.

O mencionado dispositivo tem por objetivo manter a interpretação favorável ao contribuinte, quando realizada pelas autoridades fiscais. É claro que, se a interpretação benigna ao contribuinte não se mostrar adequada, a administração deve alterar o critério jurídico correspondente, por uma questão de justiça e legalidade, sem, no entanto, agravar a situação daquele contribuinte — em respeito à proteção à confiança legítima —, com relação aos lançamentos anteriormente efetuados.[140]

Destaque-se que esse entendimento não importa, necessariamente, vulneração ao princípio da legalidade. Isso porque se fala em **modificação** do critério jurídico, ou seja, no sentido no qual era realizada a hermenêutica da norma. Logo, mesmo que a interpretação anterior não fosse a mais acertada, ainda assim era derivada do texto normativo, respeitando-se a legalidade. Essa é a opinião de Ricardo Lodi Ribeiro:

---

[139] Lei nº 5.172, de 25 de outubro de 1966. Art. 146. A modificação introduzida, de ofício ou em consequência de decisão administrativa ou judicial, nos critérios jurídicos adotados pela autoridade administrativa no exercício do lançamento somente pode ser efetivada, em relação a um mesmo sujeito passivo, quanto a fato gerador ocorrido posteriormente à sua introdução.

[140] RIBEIRO, Ricardo Lodi. *A segurança jurídica do contribuinte*, 2008, op. cit., p. 242.

Portanto, se o tratamento fiscal mais favorável ao contribuinte advém da lei, por meio da interpretação extraída de um dos sentidos oferecidos pelo seu próprio texto, deve ser aplicada a regra do art. 146 do CTN que, por já ser fruto de um juízo de ponderação pelo legislador entre a segurança e a legalidade, não comporta nova composição pelo aplicador, não tendo este outra opção, a não ser a prevalência da proteção da situação mais benigna, salvo nos casos de comprovação de conluio entre a autoridade que proferiu a decisão e o seu beneficiário.

Nota-se que esta ponderação legal não fragiliza a legalidade, pois tanto a solução anteriormente adotada pela autoridade administrativa (mais favorável ao contribuinte), quanto aquela posteriormente aplicada (mais favorável ao fisco), são contempladas pela literalidade da lei. Nesse caso, existe norma emanada da fonte constitucionalmente competente para a concessão do tratamento fiscal benéfico, havendo apenas uma controvérsia quanto à interpretação do seu texto, cuja imprecisão linguística suscita dúvidas sobre a coordenação do tipo legal aos dados da realidade relativos a determinado contribuinte. Em razão de tais dúvidas, a Administração deve procurar reduzir as imprecisões conceituais, estabelecendo certeza à situação concreta. (Os grifos não são do original)

Situação diferente é aquela na qual o ato administrativo ilegítimo não tem suporte legal. Nesses casos, não é aplicável o art. 146, do Código Tributário Nacional, fazendo surgir a necessidade de consideração abstrata do princípio da proteção à confiança legítima.

Tome-se, por exemplo, o caso em que algum contribuinte tenha se aproveitado de benefício fiscal concedido sem autorização legal. Apenas a análise do caso concreto permitirá descobrir se a confiança do administrado será digna de proteção pelo mencionado princípio.

Nesse contexto, far-se-á necessário o sopesamento entre os malefícios causados ao contribuinte beneficiário do favor fiscal ilegal (dificuldades econômicas advindas da inclusão de despesa não prevista, perda de confiança na administração, de forma generalizada) e o desrespeito ao princípio da legalidade vinculado à eventual manutenção do benefício ilegal. Também será essencial a análise acerca do impacto concorrencial causado pela convalidação do ato administrativo ilegítimo, considerando que os demais agentes econômicos não fazem jus do mesmo favor fiscal.

No entendimento de Ricardo Lodi Ribeiro,[141] a resolução desse caso passará necessariamente pela avaliação casuística da boa-fé (subjetiva) do contribuinte favorecido, já que, no caso, não se aplica o disposto no art. 146, do CTN. Dessa forma, a solução será diferente de acordo com o grau de culpabilidade quanto ao desconhecimento da ilegitimidade do benefício fiscal:

> *Deste modo, presume-se que os benefícios concedidos a pessoas físicas e pequenas empresas, que quase sempre não têm condições para avaliar o quadro jurídico aplicável, gerem uma crença maior na sua legitimidade por parte dos seus destinatários.* Ao revés, um benefício fiscal concedido a um grande empreendimento empresarial, onde os interessados são dotados de toda a assessoria jurídica capaz de traçar um perfeito quadro legal a respeito dos aspectos tributários da operação, dificilmente poderá se caracterizar como merecedor da proteção da confiança. Afinal, nenhum grupo econômico irá investir vultosas quantias sem um estudo a respeito dos aspectos fiscais da operação. *Dado o peso da carga tributária na economia atual, a contratação de um empreendimento de grande porte sem uma assessoria tributária revela um grau de*

---

[141] Ibid., p. 246.

negligência comparável à ausência de engenheiros competentes na realização das obras do projeto, o que, por si só, já revela a culpa grave do contribuinte.

Nesses casos, o contribuinte sabe, ou deveria saber, dadas as suas condições subjetivas, que a concessão do favor é ilegal, mas mesmo assim, utiliza o benefício, sabedor que dificilmente alguém o questionará, em razão da nossa falta de cidadania fiscal, a compor um quadro em que todos se preocupam apenas em amealhar benesses estatais sem se preocupar com o seu custo coletivo. Diante desse quadro, mesmo que a hipótese infimamente provável ocorra e alguém venha questionar o presente governamental, o contribuinte buscará a tutela do princípio da confiança para salvar a situação. *Obviamente, dada a natureza plural que a segurança jurídica ganha na sociedade de risco, tal conduta jamais será protegida constitucionalmente.* (Os grifos não são do original)

Vale mencionar que o STF tem proferido decisões julgando inconstitucionais diversas leis estaduais que concedem benefícios fiscais sem o respaldo dos convênios expedidos pelo Confaz, ou seja, em clara violação às disposições constantes do art. 155, §2º, inciso XII, alínea "g", da CRFB/1988[142] e da Lei Complementar nº 24/1975.[143]

Essas decisões foram proferidas sem atribuição de efeitos prospectivos, ou seja, na prática os estados que editaram as leis

---

[142] Constituição da República Federativa do Brasil de 1988: Art. 155. Compete aos Estados e ao Distrito Federal instituir impostos sobre: (Redação dada pela Emenda Constitucional nº 3, de 1993) §2º O imposto previsto no inciso II atenderá ao seguinte: (Redação dada pela Emenda Constitucional nº 3, de 1993) XII — cabe à lei complementar: g) regular a forma como, mediante deliberação dos Estados e do Distrito Federal, isenções, incentivos e benefícios fiscais serão concedidos e revogados.

[143] A Lei Complementar nº 24/1975 dispõe sobre os convênios para a concessão de isenções do imposto sobre operações relativas à circulação de mercadorias, e dá outras providências.

impugnadas poderiam cobrar os tributos que deixaram de ser recolhidos em razão do benefício fiscal.

Assim, colocar-se-ia a questão da proteção à confiança legítima do contribuinte que se aproveitou dos benefícios fiscais inconstitucionais. Entretanto, de acordo com o entendimento do referido autor,[144]

> [...] Tratando-se de matéria inteiramente pacífica na jurisprudência do STF que, reiteradas vezes vem declarando a inconstitucionalidade de benefícios fiscais conferidos por leis estaduais no ICMS, qualquer acadêmico de Direito poderia recomendar cautela na assunção de tais compromissos. *Sua desconsideração pelos responsáveis pelos investimentos flutua entre as fronteiras da irresponsabilidade culposa e do dolo eventual.*
>
> *O que o princípio da segurança tutela é a boa-fé, a sinceridade de propósitos e a dignidade da confiança, e não a esperteza e a malícia inerentes a um pacto entre contribuintes e governantes que, quase sempre, foram alertados quanto à ilegitimidade dos benefícios fiscais* e acreditam na impunidade na coibição dessas, em detrimento dos demais integrantes do mercado que não tiveram acesso aos requisitos legais encomendados, e dos demais Estados que veem sua arrecadação esvaziada por tais manobras. Ademais, a tutela desse tipo de isenção desarma o sistema constitucional de controle da guerra fiscal, viabilizando um quadro, que atualmente se verifica, de completo abandono da legalidade na concessão de favores fiscais, concedidos atualmente por decretos individualizados e despachos em processos administrativos, acabando por gerar lesão à moralidade administrativa, à isonomia, à livre concorrência e à impessoalidade. (Os grifos não são do original)

---

[144] RIBEIRO, Ricardo Lodi. *A segurança jurídica do contribuinte*, 2008, op. cit., p. 248.

Em contraponto, Ricardo Pinheiro[145] entende que a cobrança retroativa de tributos que não foram pagos em razão do benefício ilegítimo constituiria quebra de confiança. Em suas palavras,

> Imposto é custo. Os benefícios fiscais estão nas planilhas de formação de preço das empresas. Os impostos desonerados não foram repassados, ao menos em sua integridade, aos preços. *Cobrar impostos do passado, que não foram pagos por força de normas jurídicas até então válidas, dado que todas se presumem legais e constitucionais por princípio, seria uma quebra de confiança*, seria cortar na carne do empresário, pois a gordura, se existe, é mínima. Seria a morte ou, ao menos, a atrofia. Seria o desemprego, o retrocesso econômico e social das unidades federadas e, por consequência, do país.
> Afirmam alguns que o empresário não pode reclamar, pois sabia desde o início que seu benefício era inconstitucional, portanto, assumiu o risco e perdeu. Mas as autoridades concedentes também não sabiam? O País não sabia? Procurar identificar responsáveis, nessas horas, não é solução. Não raro, apenas agrava o problema. (Os grifos não são do original)

Independente do posicionamento adotado, nota-se que os efeitos do controle de constitucionalidade da lei tributária são, atualmente, a principal polêmica envolvendo o princípio da proteção à confiança legítima do contribuinte, constituindo verdadeiro desafio a ser superado pelo Poder Judiciário, em especial pelo STF, na construção de um ambiente jurídico mais transparente e previsível.

---

[145] PINHEIRO, Ricardo. O STF e os benefícios fiscais inconstitucionais. *Valor Econômico*, 16 jun. 2011.

4. Princípio da neutralidade

Para o estudo do princípio da neutralidade em matéria tributária, faz-se necessária a análise de dois outros temas a este vinculados, quais sejam, o princípio da livre concorrência e a função que determinado tributo tem no sistema tributário e econômico.

Com relação ao princípio da livre concorrência, Inocêncio Mártires Coelho[146] assevera:

> Igualmente relevante entre os princípios fundamentais da atividade econômica, a livre concorrência está intimamente ligada ao princípio da livre-iniciativa, que a Carta Política de 1988 inscreveu entre os fundamentos da ordem econômica, como assinala o citado Gastão Alves de Toledo, para quem, enquanto a livre-iniciativa aponta para a liberdade política, que lhe serve de fundamento, *a livre concorrência significa a possibilidade de os agentes econômicos poderem atuar sem embaraços juridicamente justificáveis, em um determinado mercado, visando à produção, à circulação e ao consumo de bens e serviços.* (Os grifos não são do original)

Neste contexto, complementa Carlos Emmanuel Joppert Ragazzo:[147]

> Dessa forma, *o objetivo da livre concorrência é preservar o processo de competição e não os seus competidores*. O processo de compe-

---

[146] COELHO, Inocêncio Mártires. Princípios da ordem econômica e financeira. In: MENDES, Gilmar Ferreira. *Curso de direito constitucional.* 4. ed. rev. e atual. São Paulo: Saraiva, 2009. p. 1409.
[147] RAGAZZO, Carlos Emmanuel Joppert. Princípio da livre concorrência. In: TORRES, Ricardo Lobo; KATAOKA, Eduardo Takemi; GALDINO, Flavio (Org.). *Dicionário de princípios jurídicos.* Supervisão de Silvia Faber Torres. Rio de Janeiro: Elsevier, 2011. p. 805.

tição, no modelo concorrencial, é o que possibilita a repartição ótima dos bens dentro da sociedade, contribuindo para a justiça social. Isso não significa que a concorrência não deva ser sopesada com outros interesses, como, por exemplo, a defesa do meio ambiente, a manutenção de empregos, o desenvolvimento sustentável, entre outros. Embora por vezes excludentes entre si, todos esses interesses devem ser ponderados a fim de que o bem-estar social seja atingido. (Os grifos não são do original)

Assim, a neutralidade tributária visa garantir a igualdade de condições proclamada pelo princípio da livre concorrência. Não pode o Estado tributante impor exações ou conceder benefícios que tenham por efeito o estabelecimento de privilégios ou desvantagens sem justificativa, especialmente quando se analisa o tributo em sua finalidade meramente fiscal.

A função fiscal do tributo é aquela voltada primordialmente para a aquisição de recursos destinados ao erário. Esse é o papel fundamental dos tributos, os quais, como já observado, constituem a fonte principal de recursos do Estado. Nesses casos, de acordo com Diego Marcel Bomfim,[148] "não há, em jogo, qualquer outro valor, traduzido por um princípio jurídico, que possa ser contraposto a uma possível constatação de desigualdade entre concorrentes".

Por outro lado, é cediço que determinados tributos traçados no ordenamento constitucional tributário também atendem a finalidades extrafiscais. Tome-se, como exemplo, o IPTU progressivo no tempo, que tem por objetivo desestimular o comportamento desrespeitoso à função social da propriedade privada.

Nesses casos, os tributos podem ser utilizados como forma

---

[148] BOMFIM, Diego Marcel. Reconsiderações sobre a neutralidade tributária. *Revista Dialética de Direito Tributário*, São Paulo, n. 197, p. 34, 2012.

de indução de posturas desejadas pelo administrador público, deixando de ter uma finalidade meramente voltada à arrecadação.

Assim, em prol da realização de um valor previsto constitucionalmente, o princípio da neutralidade deve ser interpretado com temperamento. É neste sentido que o referido jurista conclui:

[...] Numa tributação funcionalmente identificada com a fiscalidade, o princípio da livre concorrência se manifesta mediante um dever de neutralidade concorrencial do Estado ante a tributação (neutralidade tributária), entendido como uma regra jurídica que garante aos concorrentes uma igualdade de tratamento tributário, nos mesmos termos, inclusive, do que propugnam os escritos brasileiros anteriormente citados.

Diversamente, na tributação voltada à concretização de induções comportamentais, o princípio da livre concorrência não se manifesta mediante o dever de neutralidade, mas como um dos princípios jurídicos que serão levados em consideração quando da instituição ou majoração do tributo e, ainda, em eventual revisão judicial. A existência de normas tributárias indutoras, seja pela técnica de agravamentos ou de incentivos, pressupõe pelo menos potencialmente, a discriminação de pessoas, atividades ou bens em função do objetivo almejado, impossibilitando a existência de uma neutralidade tributária. Na expressão de Fernando Aurelio Zilveti, "a indução é a antítese da neutralidade". [...]

Em conclusão, se a neutralidade tributária for tomada como necessidade de igualdade de condições, ou, o que é o mesmo, como uma norma que visa "garantir um ambiente de igualdade de condições competitivas", indicando que "produtos em condições similares devem ser submetidos à mesma carga fiscal", deve ser reconhecida também a sua inaplicabilidade nos casos em que se estiver diante de uma tributação indutora ou voltada a fins extrafiscais, como no exemplo acima indicado. (Os grifos não são do original)

5. Princípio da praticidade

Outro princípio constitucional tributário implícito é o da praticidade tributária. De acordo com Misabel Abreu Machado Derzi,[149] "a praticidade é um princípio geral e difuso, que não encontra formulação escrita no ordenamento jurídico [...] nacional. Mas está implícito, sem dúvida, por detrás das normas constitucionais".

A ideia relacionada à praticidade é simples: as leis devem ter um grau de praticidade tal que permita sua aplicação de maneira eficiente e econômica. O legislador, durante a atividade legislativa, sempre deverá considerar o fato de que a administração pública, em especial a administração tributária, precisará aplicar as leis em massa.

Importa ressaltar que o princípio da praticidade relaciona-se ao princípio da isonomia, uma vez que a aplicação generalizada de uma mesma norma só pode ser alcançada se esta for de fácil execução. A inexequibilidade (ou difícil exequibilidade) de determinada lei acarreta, inexoravelmente, sua aplicação de maneira diferenciada entre os seus destinatários, dando lugar a incorreções e distorções no sistema tributário.

A praticidade está difundida em todo o ordenamento jurídico, não apenas no direito tributário. As abstrações generalizantes, como as presunções e ficções jurídicas, são

---

[149] DERZI, Misabel Abreu Machado. Princípio da praticidade. TORRES, Ricardo Lobo; KATAOKA, Eduardo Takemi; GALDINO, Flavio (Org.). *Dicionário de princípios jurídicos*. Supervisão de Silvia Faber Torres. Rio de Janeiro: Elsevier, 2011. p. 976.

manifestações da praticidade. De acordo com a renomada doutrinadora brasileira,[150]

> Também o Poder Judiciário, em sua função primacial de buscar a Justiça no caso individual, *utiliza-se da praticidade, por meio de uma série de técnicas que se destinam a simplificar a aplicação das normas (súmulas, súmulas vinculantes, uniformização de entendimento com presunção de repercussão geral etc.)* o que, em casos extremos de massificação, pode desencadear séria violação à Constituição. (Os grifos não são do original)

Especificamente na esfera tributária, podem ser citadas diversas técnicas inspiradas pelo princípio da praticidade, dentre elas, todas aquelas que têm por base a adoção de pautas fiscais, como no IPTU (valor dos imóveis urbanos), no ICMS (pauta fiscal de mercadorias), no IPVA (valor médio dos veículos automotores) etc.

Além disso, no que concerne ao imposto sobre a renda, são utilizadas técnicas simplificadoras, como a retenção na fonte de rendimentos pagos a diversos tipos de beneficiários, caso no qual se presume a ocorrência do fato gerador do referido imposto — o qual somente se verifica por ocasião da declaração de ajuste de determinado contribuinte.

No que concerne à justificação do referido princípio, faz-se essencial citar novamente a referida doutrinadora mineira que, com auxílio da doutrina alemã, elenca as razões que servem de fundamento à praticidade:[151]

> a) *a defesa da esfera privada*, evitando a ingerência indevida de órgãos públicos no círculo privado da pessoa;

---

[150] Ibid., p. 976.
[151] Ibid., p. 979.

b) *a uniformidade da tributação*, obtendo-se um tratamento igual para todos os fatos (até mesmo para os desiguais), evitando-se que decisões díspares, critérios diferentes e resultados contraditórios sejam adotados;

c) *o estado de necessidade administrativo indica que tais práticas são inevitáveis*, pois existe uma acentuada desproporção entre a incumbência legalmente atribuída à Administração para a execução e fiscalização da aplicação das normas tributárias e a capacidade e os meios de que dispõem os órgãos fazendários para prestar o serviço. Cria-se, então, um estado de necessidade administrativo. Invoca-se o princípio *rebus sic stantibus*, pois a capacidade financeira da Administração não é suficiente para satisfazer a prestação a que, por lei, o Poder Executivo estaria obrigado. Diante do estado de necessidade administrativo, da oposição entre legalidade e praticidade, para doutrinadores como Arndt e Isensee, o modo de pensar que denominam "tipificante" aparece como uma tentativa de solução do impasse. A criação de pauta de valores ou padrões rígidos atribui prevalência à quantidade sobre qualidade, afrouxando o princípio da legalidade, em nome da economia administrativa e substituindo a aplicação da norma ao caso individual concreto pela aplicação da norma ao caso "normal", esquemático. (Os grifos são do original)

Por outro lado, a doutrina alemã também apresenta críticas à ideia de praticidade, que podem ser resumidas da seguinte forma:[152]

a) *ofensa à adequação à lei*, que é imperativo geral do Estado de Direito, especialmente dirigido aos Poderes Executivo e Judiciário;

---

[152] Ibid., p. 980.

b) *ofensa ao princípio da divisão de poderes*, pois o modo de pensar que estabelece padrões, esquemas ou pauta de valores cria presunções que não são mera interpretação, mas retificação e modificação da própria lei, enfraquecendo-se o Poder Legislativo, que perde o monopólio da produção legislativa;

c) *ofensa à indelegabilidade de funções*, pois compete privativamente ao Poder Legislativo regular o tributo;

d) *ofensa à uniformidade de encargos fiscais e à igualdade*, pois se o legislador tratou o factualmente desigual de modo desigual, de acordo com a sua peculiaridade, a administração converte em igualdade aquilo que é desigualdade, desprezando as características individuais, juridicamente relevantes;

e) *ofensa à capacidade econômica e ao princípio da realidade*, pois o Direito Tributário segue o princípio da realidade e deve atingir as reais forças econômicas do contribuinte. (Os grifos não são do original)

Nesse sentido, pode-se mencionar que o princípio da praticidade representa verdadeiro contraponto ao princípio da capacidade contributiva, na medida em que este estabelece uma diretriz de afetação individualizada dos sujeitos passivos, enquanto aquele determina a imposição de exações generalizadas, desconsiderando-se as peculiaridades das classes de contribuintes.

Por exemplo, em um mundo fiscal ideal, existiriam tantas alíquotas de imposto de renda quantas demonstrações diferentes de capacidade econômica para contribuir, de forma que a tributação incidiria sob medida em relação a cada contribuinte. Entretanto, na prática, seria impossível (ou impraticável) a legislação tributária que dispusesse sobre 20, 30 alíquotas diferentes de imposto de renda, cada uma de acordo com determinada faixa de rendimentos auferidos. Eis o sentido do princípio da praticidade.

Mencionados os fundamentos e as críticas à praticidade, cabe passar à análise de sua manifestação mais importante no ordenamento jurídico-tributário brasileiro: a substituição tributária progressiva.

5.1 Substituição tributária progressiva

Com a edição da Emenda Constitucional nº 03/1993, autorizou-se, em sede constitucional (art. 150, §7º, CRFB/1988),[153] a atribuição de responsabilidade tributária pelo pagamento de imposto ou contribuição cujo fato gerador deva ocorrer posteriormente, estando assegurada sua restituição em caso de não ocorrência do fato gerador presumido.

De fato, tal dispositivo constitucional legitimou a chamada "substituição tributária progressiva" (ou substituição tributária "para frente"), que consiste em sistemática especial de recolhimento de tributos indiretos, especialmente no âmbito do ICMS.

Por meio desse regime, a um determinado sujeito passivo é atribuída a obrigação de recolher o tributo que seria devido por um contribuinte situado em momento posterior da cadeia mercantil. Por exemplo, no caso do mercado automobilístico, poderá ser atribuída às montadoras a obrigação de recolher o imposto que incidiria sobre a venda de um carro ao consumidor final, realizada por alguma concessionária.

O objetivo da substituição tributária progressiva é claro: simplificar e tornar mais eficiente a arrecadação do mencionado tributo estadual. Vale lembrar que, mesmo atualmente, a admi-

---

[153] Constituição da República Federativa do Brasil de 1988: Ver art. 150. §7º A lei poderá atribuir a sujeito passivo de obrigação tributária a condição de responsável pelo pagamento de imposto ou contribuição, cujo fato gerador deva ocorrer posteriormente, assegurada a imediata e preferencial restituição da quantia paga, caso não se realize o fato gerador presumido. (Incluído pela Emenda Constitucional nº 3, de 1993).

nistração tributária dos estados ainda é menos desenvolvida que a administração tributária federal.

Nesse contexto, de acordo com Eloá Alves Ferreira de Mattos e Fernando Cesar Baptista de Mattos,[154]

> *A opção política pela instituição do regime de substituição tributária é movida, como já foi dito, por razões de praticabilidade e comodidade fiscal.* Nos exemplos acima, tais motivos restam clarividentes, posto que *é mais fácil fiscalizar as poucas indústrias de cigarros e montadores de carros existentes do que os sem-número de estabelecimentos comerciais que vendem cigarros e as igualmente inúmeras concessionárias*; assim como é mais vantajoso para o Fisco arrecadar das empresas tomadoras de mão de obra do que das pequenas e numerosas empresas prestadoras de serviços, e assim por diante. Acresça-se, outrossim, que *os substitutos tributários são eleitos com o fito de evitar a sonegação e a fraude fiscal*, que se torna mais incontrolável à medida em que se aumenta o número de pequenos contribuintes de um determinado tributo. Pesam também fatores inerentes à capacidade financeira dos substitutos, sempre mais atraente para a Fazenda Pública, que terá a certeza de que o crédito será recolhido tempestivamente, mesmo porque não há interesse daqueles em deixar de recolhê-lo. (Os grifos não são do original)

Entretanto, é importante mencionar que tal regime é com frequência alvo de críticas por parte da doutrina brasileira,[155]

---

[154] MATTOS, Eloá Alves Ferreira de; MATTOS, Fernando Cesar Baptista de. Os sujeitos da obrigação tributária. In: BARRETO, Pedro (Coord.). *Curso de direito tributário brasileiro.* 3. ed. São Paulo: Quartier Latin, 2010. v. 1, p. 342-343.

[155] Nesse sentido, CARRAZA, Roque Antônio. *Curso de direito constitucional tributário*, 2008, op. cit., p. 471: "Temos para nós, entretanto, como já adiantamos, que o referido §7º [do artigo 150, da CRFB/1988] é inconstitucional, porque atropela o princípio da

na medida em que sua aplicação depende necessariamente da noção de "fato gerador presumido", ou seja, um fato gerador que ainda não aconteceu, de forma que há a tributação antes mesmo da realização do fato hipoteticamente descrito em lei.

Além disso, como o recolhimento do imposto por substituição tributária progressiva acontece antes da ocorrência do fato gerador, outro problema se põe: qual seria a base de cálculo do imposto devido por substituição?

Na maioria dos casos, as legislações estaduais estabelecem uma margem de valor agregado, a qual deverá ser utilizada para se encontrar a base de cálculo presumida, subjacente ao fato gerador presumido.

Entretanto, é importante ressaltar que nem sempre o fato gerador presumido realmente ocorre, ou, no caso em que se realize, poderá haver a situação em que a base de cálculo não se relacione com a presunção legalmente estabelecida: a base de cálculo real poderá ser menor que a base de cálculo presumida, resultando em um recolhimento maior que o devido; ou então poderá ser menor, situação na qual o fisco estadual terá recebido o imposto em uma soma menor do que a devida.

Neste sentido, o Convênio ICMS nº 13/1997 determinou, em sua cláusula segunda, que

> Não caberá a restituição ou cobrança complementar do ICMS quando a operação ou prestação subsequente à cobrança do imposto, sob a modalidade da substituição tributária, se realizar com valor inferior ou superior àquele estabelecido com base no artigo 8º da Lei Complementar 87, de 13 de setembro de 1996.

---

segurança jurídica, que, aplicado ao direito tributário, exige, dentre outras coisas, que o tributo só nasça após a ocorrência real (efetiva) do fato imponível". Para CÔELHO, Sacha Calmon Navarro. *Curso de direito tributário brasileiro*, 2006, op. cit., p. 709: "Por uma questão de coerência, devemos dizer que tanto nós como certamente outros citados somos contrários à 'substituição tributária para frente' e achamos inconstitucional ao menos por cinco motivos".

Ou seja, o único fato relevante para a verificação da possibilidade de restituição do imposto é a inocorrência do fato gerador presumido; se esse efetivamente for realizado, pouco importa a dimensão da sua base de cálculo, se maior ou menor do que a base de cálculo presumida legalmente prevista.

Importante mencionar que tal cláusula foi objeto da Ação Direta de Inconstitucionalidade nº 1.851/AL, de relatoria do ministro Ilmar Galvão. O STF julgou improcedente a mencionada ação,[156] entendendo que o fato gerador presumido não é provisório, e sim definitivo, caso contrário estar-se-ia a desnaturar o sentido de praticidade que norteia o regime de substituição tributária progressiva:

> EMENTA: TRIBUTÁRIO. ICMS. SUBSTITUIÇÃO TRIBUTÁRIA. CLÁUSULA SEGUNDA DO CONVÊNIO 13/97 E §§6º E 7º DO ART. 498 DO DEC. Nº 35.245/91 (REDAÇÃO DO ART. 1º DO DEC. Nº 37.406/98), DO ESTADO DE ALAGOAS. ALEGADA OFENSA AO §7º DO ART. 150 DA CF (REDAÇÃO DA EC 3/93) E AO DIREITO DE PETIÇÃO E DE ACESSO AO JUDICIÁRIO. Convênio que objetivou prevenir guerra fiscal resultante de eventual concessão do benefício tributário representado pela restituição do ICMS cobrado a maior quando a operação final for de valor inferior ao do fato gerador presumido. Irrelevante que não tenha sido subscrito por todos os Estados, se não se cuida de concessão de benefício (LC 24/75, art. 2º, INC. 2º). Impossibilidade de exame, nesta ação, do decreto, que tem natureza regulamentar. A EC nº 03/93, ao introduzir no art. 150 da CF/88 o §7º, aperfeiçoou o instituto, já previsto em nosso sistema jurídico-tributário, ao

---

[156] BRASIL. Supremo Tribunal Federal. Ação Direta de Inconstitucionalidade n. 1.851. Relator: ministro Ilmar Galvão. Julgado em 8 de maio de 2002. *DJ*, 22 nov. 2002.

delinear a figura do fato gerador presumido e ao estabelecer a garantia de reembolso preferencial e imediato do tributo pago quando não verificado o mesmo fato a final. A circunstância de ser presumido o fato gerador não constitui óbice à exigência antecipada do tributo, dado tratar-se de sistema instituído pela própria Constituição, encontrando-se regulamentado por lei complementar que, para definir-lhe a base de cálculo, se valeu de critério de estimativa que a aproxima o mais possível da realidade. A lei complementar, por igual, definiu o aspecto temporal do fato gerador presumido como sendo a saída da mercadoria do estabelecimento do contribuinte substituto, não deixando margem para cogitar-se de momento diverso, no futuro, na conformidade, aliás, do previsto no art. 114 do CTN, que tem o fato gerador da obrigação principal como a situação definida em lei como necessária e suficiente à sua ocorrência. *O fato gerador presumido, por isso mesmo, não é provisório, mas definitivo, não dando ensejo a restituição ou complementação do imposto pago, senão, no primeiro caso, na hipótese de sua não realização final. Admitir o contrário valeria por despojar-se o instituto das vantagens que determinaram a sua concepção e adoção, como a redução, a um só tempo, da máquina fiscal e da evasão fiscal a dimensões mínimas, propiciando, portanto, maior comodidade, economia, eficiência e celeridade às atividades de tributação e arrecadação.* Ação conhecida apenas em parte e, nessa parte, julgada improcedente. (Os grifos não são do original)

De toda forma, Misabel Abreu Machado Derzi conclui que as fórmulas de simplificação incluídas na legislação tributária brasileira devem ser comedidas, para que não constituam violação aos demais preceitos constitucionais e garantias do cidadão contribuinte:

De modo algum se nega que o legislador possa criar presunções jurídicas por razões as mais diversificadas (praticidade, prevenção da sonegação etc.). Mas nunca *iuris et de iure*, contra o princípio da realidade e da capacidade econômica. O que se afirma apenas é que, em qualquer caso, seja nas ficções e presunções, seja no estabelecimento de somatórios, pautas, tipos ou conceitos fechados, o legislador tem de ser fiel à Constituição, aos seus valores e princípios. Sua liberdade está restringida por aqueles valores e princípios, sua discricionariedade não se confunde com o arbítrio de um querer qualquer, não encontra justificação naquelas normas superiores da Constituição. *A praticidade não tem primazia sobre a justiça (que é sempre individual).*

Tais técnicas de praticidade, quando utilizadas em excesso, como é o caso brasileiro, provocam várias distorções. Em se tratando de tributos plurifásicos e não cumulativos, à moda do IVA, deformam a natureza do imposto, sua neutralidade, tornam-no cumulativo e despem-no da qualidade maior que o caracteriza: ser um tributo adequado para o mercado. A substituição tributária progressiva, como se sabe, se dá no ICMS — IVA dos Estados — quando o tributo já não é arrecadado em cada etapa da cadeia de circulação, mas, por antecipação, é arrecadado apenas pelo fabricante, embora incidente em todas as etapas até o consumidor final. A substituição tributária para frente assim é denominada exatamente porque o responsável substitui o contribuinte futuro (que ainda virá, ulteriormente) nas operações posteriores. A base de cálculo será, então, presumida, tudo será presumido, pois a venda das etapas seguintes ainda não ocorreu. A Administração estabelece, então, preços estimados, fixando as bases com as quais os responsáveis vão recolher o imposto aos cofres públicos, antecipadamente. Se não ocorrer o fato futuro, haverá obrigação de devolução do imposto injustamente pago? Sim, mas apenas se o fato não ocorrer de modo algum, inteiramente, ou seja, se a venda for anulada, por ex., porque a mercadoria se deteriorou ou se perdeu. Mas se o fato gerador acontecer, em bases menores e preços inferiores aos presumidos, não haverá direito à devolução daquilo que foi arrecadado em excesso, essa a jurisprudência da Corte Constitucional. Por que inexiste o direito à devolução? *Os fundamentos da Corte são razões de praticidade* (comodidade, eficiência e combate à evasão, como visto). (Os grifos não são do original)

Assim, percebe-se que a doutrina especializada no tema não rejeita de plano o referido princípio e os institutos que dele derivam, mas entende que sua efetivação deverá sempre respeitar os limites oferecidos pelos demais princípios constitucionais tributários, como o da capacidade econômica de contribuir, vinculado ao valor justiça.

Questões de automonitoramento

1. Após ler o material, você é capaz de resumir o caso gerador do capítulo 5, identificando as partes envolvidas, os problemas atinentes e as soluções cabíveis?
2. Resuma em poucas palavras o conteúdo dos princípios analisados neste material.
3. Analise e descreva as interações entre os princípios analisados neste material.
4. Pense e descreva, mentalmente, alternativas para a solução do caso gerador do capítulo 5.

4

Imunidades

Roteiro de estudo

1. Imunidade tributária

Imunidade é uma proteção que a Constituição Federal confere aos contribuintes. É uma hipótese de não incidência tributária constitucionalmente qualificada.

A imunidade tributária ajuda a delimitar o campo tributário. De fato, as regras de imunidade também demarcam (no sentido negativo) as competências tributárias das pessoas políticas.

É um fenômeno de natureza constitucional.

A imunidade só atinge a obrigação principal, permanecendo assim as obrigações acessórias.

Faz-se necessário estabelecer a diferença entre imunidade e isenção.

O jurista Ricardo Lobo Torres,[157] discorrendo sobre as diferenças entre a isenção e a imunidade, constrói um quadro sinóptico das distinções, entre outras:

---

[157] TORRES, Ricardo Lobo. *Curso de direito financeiro e tributário*. 16. ed. Rio de Janeiro: Renovar, 2009. p. 84-85.

Imunidade: natureza de limitação do poder fiscal, incompetência absoluta do poder de tributar, tem como fundamento a liberdade, como fonte a Constituição, sua eficácia é declaratória e é irrevogável.

Isenção: natureza de autolimitação do poder fiscal, derrogação da incidência, tem como fundamento a justiça, como fonte a Lei ordinária, sua eficácia é constitutiva e é revogável (restaurando a incidência).

Sem divergência, os mais importantes estudiosos do tema concluem e professam que imunidade é a renúncia fiscal ou vedação de cobrança de tributo estabelecida em sede constitucional, ou seja, ainda que o termo utilizado na Constituição seja isenção, como é o caso de contribuições para a previdência social (art. 195, §7º), na verdade trata-se de imunidade.

Antes do exame específico de cada hipótese de que trata o inciso VI do art. 150 da CRFB/1988,[158] importante mencionar a controvérsia em relação às espécies tributárias alcançadas por estas imunidades, tendo em vista que a literalidade do dispositivo restringe sua aplicabilidade aos impostos.

Em que pese a posição de parte da doutrina, o STF tem fixado o entendimento no sentido de que a imunidade a que alude o art. 150, inciso VI, da CRFB/1988 somente se aplica aos impostos, não se estendendo às taxas (RE nº 496.209, AI nº

---

[158] Constituição da República Federativa do Brasil de 1988: Art. 150. Sem prejuízo de outras garantias asseguradas ao contribuinte, é vedado à União, aos Estados, ao Distrito Federal e aos Municípios: VI — instituir impostos sobre: (Vide Emenda Constitucional nº 3, de 1993) a) patrimônio, renda ou serviços, uns dos outros; b) templos de qualquer culto; c) patrimônio, renda ou serviços dos partidos políticos, inclusive suas fundações, das entidades sindicais dos trabalhadores, das instituições de educação e de assistência social, sem fins lucrativos, atendidos os requisitos da lei; d) livros, jornais, periódicos e o papel destinado a sua impressão. e) fonogramas e videofonogramas musicais produzidos no Brasil contendo obras musicais ou literomusicais de autores brasileiros e/ou obras em geral interpretadas por artistas brasileiros bem como os suportes materiais ou arquivos digitais que os contenham, salvo na etapa de replicação industrial de mídias ópticas de leitura a laser. (Incluída pela Emenda Constitucional nº 75, de 15.10.2013).

458.856, RE nº 424.227, RE nº 407.099, RE nº 354.897, RE nº 356.122, RE nº 398.630 e RE nº 364.202), nem às contribuições para o Pasep (RE nº 378144 AgR/PR), tampouco às contribuições previdenciárias (ADI nº 2024/DF).

As imunidades previstas no art. 150 da Constituição Federal só existem para impostos, mas não esqueçamos que existem imunidades espalhadas na Constituição em relação às taxas e contribuições especiais.

Da leitura do excelente livro de Regina Helena Costa, titulado *Imunidades tributárias*,[159] percebe-se que os seguintes dispositivos constitucionais concedem imunidades às taxas, grifados na parte que interessa ao assunto pautado:

1) o art. 5º, inciso XXXIV, alíneas "a" e "b" ("são a todos assegurados, independentemente do pagamento de taxas: a) o direito de petição aos Poderes Públicos em defesa de direitos ou contra ilegalidade ou abuso de poder; b) a obtenção de certidões em repartições públicas, para defesa de direitos e esclarecimento de situações de interesse pessoal")

O que se remunera no exercício do direito de petição e na expedição de certidões é a prestação de serviço público específico e divisível, que, pelo menos em tese, enseja a cobrança de taxas de serviço;

2) o art. 5º, inciso LXXIII ("qualquer cidadão é parte legítima para propor ação popular que vise a anular ato lesivo ao patrimônio público ou de entidade de que o Estado participe, à moralidade administrativa, ao meio ambiente e ao patrimônio histórico e cultural, ficando o autor, salvo comprovada má-fé, isento de custas judiciais e do ônus da sucumbência")

As chamadas custas judiciais, conforme a própria jurisprudência do STF, têm natureza jurídica de taxa de serviço, e a

---

[159] COSTA, Regina Helena. *Imunidades tributárias*. São Paulo: Malheiros, 2001.

prestação de jurisdição (a expressão é de Regina Helena Costa) envolve serviços públicos específicos e divisíveis;

3) o art. 5º, inciso LXXIV ("o Estado prestará assistência jurídica integral e gratuita aos que comprovarem insuficiência de recursos")

A assistência jurídica gira em torno de serviços públicos específicos e divisíveis prestados pelo Estado aos que querem defender seus direitos em juízo;

4) o art. 5º, inciso LXXVI, alíneas "a" e "b" ("são gratuitos, para os reconhecidamente pobres, na forma da lei: a) o registro civil de nascimento; b) a certidão de óbito")

Os emolumentos que remuneram os serviços notariais e de registro (serviços públicos específicos e divisíveis), inclusive de registro civil de nascimento e de expedição de certidão de óbito, também têm natureza jurídica de taxa de serviço;

5) art. 5º, inciso LXXVII ("são gratuitas as ações de *habeas corpus* e *habeas data*, e, na forma da lei, os atos necessários ao exercício da cidadania")

Como anteriormente escrito (item "b"), as custas judiciais são taxas de serviço;

6) o art. 226, §1º ("O casamento é civil e gratuita a celebração")

Já que o serviço público de registro é específico e divisível e, como tal, poderia ensejar, não fosse esse ditame, a cobrança de emolumentos (taxas de serviço).

Destaque-se, ainda em caráter preliminar, que a doutrina tem proposto algumas classificações para as imunidades tributárias, as quais têm mais relevância didática do que prática.

Num primeiro momento, podemos agrupar as imunidades levando-se em conta seu alcance, sua amplitude, nesse sentido, elas podem ser: gerais (genéricas) e específicas (tópicas ou especiais).[160]

---

[160] Ibid., p. 80-104.

As imunidades genéricas, no dizer de Regina Helena Costa,[161] são aquelas contempladas no art. 150, inciso VI (da CRFB/1988), dirigem vedações a todas as pessoas políticas e abrangem todo e qualquer imposto que recaia sobre o patrimônio, a renda ou os serviços das entidades mencionadas. Protegem ou promovem valores constitucionais básicos, têm como diretriz hermenêutica a salvaguarda da liberdade religiosa, política, de informação etc.

Já as imunidades específicas, preleciona a autora em tela,[162] "são circunscritas, em geral restritas a um único tributo — que pode ser imposto, taxa ou contribuição —, servem a valores mais limitados ou conveniências especiais. Dirigem-se a determinada pessoa política".

Outro critério de classificação das imunidades considera elementos basilares as pessoas (imunidades subjetivas) e os objetos (imunidades objetivas) ou ambas conjuntamente (imunidades híbridas). A partir dessa classificação, Ricardo Lobo Torres[163] argumenta que, a despeito de as imunidades subjetivas obstarem a incidência tributária sobre certas pessoas, a exemplo do que se extrai do art. 150, inciso VI, alíneas "a", "b", e "c", existe também um aspecto objetivo, o qual pode consubstanciar, por exemplo, o patrimônio, a renda, ou um serviço. Ressalte-se, entretanto, que o elemento objetivo aparece de forma subsidiária, ou seja, ele serve apenas como parâmetro à subjetividade.

As imunidades objetivas (ou reais), por sua vez, impedem "a incidência de impostos sobre determinados bens ou merca-

---

[161] Ibid., p. 80.
[162] Ibid., p. 80-81. Vale como exemplo de imunidade específica as contribuições para a Seguridade Social, as quais não são cobradas das entidades de beneficentes, nos termos do art. 195, §7º, da CRFB/1988.
[163] TORRES, Ricardo Lobo. *Tratado de direito constitucional financeiro e tributário*. Os direitos humanos e a tributação: imunidades e isonomia. Rio de Janeiro: Renovar, 1999. p. 163-164.

dorias em homenagem às liberdades", apregoa Ricardo Lobo Torres.[164]

Nesse contexto, destaca-se a imunidade recíproca como modalidade clara de imunidade subjetiva, uma vez que a vedação dos entes políticos de cobrar uns dos outros impostos sobre o patrimônio, a renda e os serviços, *ex vi* do art. 150, inciso VI, alínea "a", da Carta de 1988, tem como premissa o reconhecimento do papel de relevância social desses entes (no caso, a União, os estados, o Distrito Federal e os municípios, além de suas autarquias e fundações de direito público).

No tocante às imunidades objetivas (ou real), podem-se ressaltar aquelas destinadas a proteger do poder de tributar certas situações ou bens, como livros, jornais, periódicos e papéis destinados a sua impressão, conforme reza o art. 150, inciso VI, alínea "d", da CRFB/1988.

A imunidade híbrida (ou mista), por seu turno, tem como *ratio* subjacente afastar a incidência de tributo em determinadas hipóteses, as quais estão vinculadas pessoas que o constituinte decidiu proteger de forma específica; como o proprietário de terreno em área rural (ITR sobre pequenas glebas), conforme dispõe o art. 153, §4º, inciso II da CRFB/1988.[165] De qualquer modo, as normas constitucionais que veiculam imunidades contribuem para traçar o perfil das competências tributárias. A imunidade opera, pois, no plano da definição da competência tributária.[166]

---

[164] Ibid., p. 91-92. Segundo aponta o tributarista, tal classificação (subjetiva e objetiva) tem como pressuposto a vedação da incidência de impostos diretos ou indiretos.
[165] Constituição da República Federativa do Brasil de 1988: Art. 153. Compete à União instituir impostos sobre: II — não incidirá sobre pequenas glebas rurais, definidas em lei, quando as explore o proprietário que não possua outro imóvel; (Incluído pela Emenda Constitucional nº 42, de 19.12.2003).
[166] O contrário dá-se com a isenção que atua no campo do exercício da competência tributária.

Corroborando essa ideia, Paulo de Barros Carvalho expôs:

[...] a regra que imuniza é uma das múltiplas formas de demarcação de competência. Congrega-se às demais para produzir o campo dentro do qual as pessoas políticas poderão operar, legislando sobre matéria tributária. Ora, [...] a norma que firma a hipótese de imunidade colabora no desenho constitucional da faixa de competência adjudicada às entidades tributantes. Dirige-se ao legislador ordinário para formar, juntamente com outros mandamentos constitucionais, o feixe de atribuições entregue às pessoas investidas de poder político. Aparentemente, difere dos outros meios empregados por mera questão sintática.[167]

Portanto, como quer esse autor, as normas constitucionais que tratam das imunidades tributárias fixam a incompetência dos entes políticos (União, estado, Distrito Federal e município) na tributação sobre determinadas pessoas, seja pela natureza jurídica que possuem, seja por realizarem certos fatos, ou ainda por estarem relacionadas a dados bens ou situações.

Em função disso, a lei, ao descrever a norma jurídica tributária, sob pena de inconstitucionalidade, não pode colocar essas pessoas na contingência de pagar tributos, isto é, de figurar no polo passivo de obrigações tributárias.

Por efeito reflexo, percebe-se que as regras imunizantes conferem aos beneficiários direitos públicos subjetivos de não serem tributados. Realmente, se a situação "N" é, nos termos da Lei Maior, insuscetível de ser alcançada pela tributação, o contribuinte tem o direito de, enquanto a realiza, não ser molestado

---

[167] CARVALHO, Paulo de Barros. *Imunidades tributárias*. 1984. p. 5-6. Manuscrito apud CARRAZZA, Roque Antonio. *Curso de direito constitucional tributário*. 15. ed. São Paulo: Melhoramentos, 2000.

por nenhuma pessoa política tributante. Por outro lado, se só a pessoa política "A" pode tributar o fato "X", o contribuinte que pratica esse fato "X" também tem o direito de, em razão dele, não ser tributado pelas pessoas políticas "B", "C", "D" etc.

É o que, com propriedade, assinala José Wilson Ferreira Sobrinho:

> A norma imunizante não tem apenas a função de delinear a competência tributária, senão que também outorga ao imune o direito público subjetivo de não sofrer a ação tributária do Estado. A norma imunizante, portanto, tem o duplo papel de fixar a competência tributária e de conferir ao seu destinatário um direito público subjetivo, razão que permite sua caracterização, no que diz com a outorga de um direito subjetivo, como norma jurídica atributiva, por conferir ao imune o direito referido.[168]

De fato, a Constituição não quer que certas pessoas venham a ser alvo de tributação, e por isso mesmo estende sobre elas o manto da imunidade. Ao fazê-lo, cria para elas direitos subjetivos inafastáveis.

Só para nos situarmos melhor no assunto, Paulo de Barros Carvalho partiu da divisão das normas jurídicas em normas de comportamento e normas de estrutura,[169] onde nestas últimas se inserem as regras de imunidade que ajudam a delimitar as competências tributárias.[170]

---

[168] SOBRINHO, José Wilson Ferreira. *Imunidade tributária*. Porto Alegre: Sérgio Antônio Fabris Editor, 1996. p. 102.
[169] Apenas para reforçarmos o que já foi exposto em outros trechos deste trabalho, as normas de comportamento visam, como o próprio nome já nos sinaliza, a disciplinar o comportamento dos homens na vida social. Assim, albergam, no consequente, um comando voltado para o agir humano. Já as normas de estrutura têm por destinatário o legislador, e, por isso, contêm, no consequente, comandos que estabelecem o modo e as condições de produção de outras normas.
[170] CARVALHO, Paulo de Barros. *Curso de direito tributário*. 20. ed. São Paulo: Saraiva, 2008. p. 116.

Daí ter-se conceituado a imunidade como:

> [...] a classe finita e imediatamente determinável de normas jurídicas, contidas no texto da Constituição Federal, e que estabelecem, de modo expresso, a incompetência das pessoas políticas de direito constitucional interno para expedir regras instituidoras de tributos que alcancem situações específicas e suficientemente caracterizadas.[171]

Seguindo na traça desse conceituado mestre, temos que as imunidades são aquelas explicitadas no Texto Magno, por meio de normas jurídicas que tolhem o legislador na tarefa de criar, *in abstracto*, tributos. Tanto que há quem diga que as normas de imunidade criam um campo de incompetência tributária.

É o caso de Misabel Derzi, para quem a imunidade não passa de

> regra expressa da Constituição (ou implicitamente necessária), que estabelece a não competência das pessoas políticas da Federação para tributarem certos fatos ou situações, de forma amplamente determinada, delimitando negativamente, por meio de redução parcial, a norma de atribuição de poder tributário.[172]

As normas imunizantes dispõem sobre matéria de ordem pública, que Vicente Ráo, com muita propriedade, chamava, em seu clássico *O direito e a vida dos direitos*, de matéria de interesse social predominante.

---

[171] Ibid., p. 117.
[172] BALEEIRO, Aliomar. *Limitações constitucionais ao poder de tributar*, 1997, op. cit., p. 16. Misabel Derzi, ao contrário de Paulo de Barros Carvalho, admite imunidades não expressas, "desde que implicitamente necessárias", como a imunidade recíproca das pessoas políticas.

Com efeito, as regras de imunidade ajudam a gizar as fronteiras do campo competencial tributário das pessoas políticas. Apontam os limites materiais e formais da atividade legiferante.

Como bem observa a mesma Misabel Derzi, "a imunidade é, portanto, regra de exceção, somente inteligível se conjugada à outra, que concede o poder tributário, limitando-lhe a extensão, de forma lógica e não sucessiva no tempo".[173] E, com a agudez de raciocínio que a caracteriza, observa que não dizemos que as pessoas são imunes à instituição de IPTU, por parte da União, justamente porque ela não tem competência para tributar a propriedade predial e territorial urbana. No entanto — continua a autora —, "dizemos que o templo é 'imune' ao mesmo imposto se instituído pelo Município, porque essa pessoa estatal tem poder para criar o tributo".[174]

A imunidade é ampla e indivisível, não admitindo, nem por parte do legislador (complementar ou ordinário), nem do aplicador (juiz ou agente fiscal), "restrições ou meios-termos",[175] a não ser, é claro, aqueles que já estão autorizados na própria Lei Maior.

Sempre que a Constituição estabelece uma imunidade, está, em última análise, indicando a incompetência das pessoas políticas para legislarem acerca daquele fato determinado. Impõe-lhes, de conseguinte, o dever de se absterem de tributar, sob pena de irremissível inconstitucionalidade.

É imune a pessoa que, por sua natureza, pela atividade que desempenha ou por estar relacionada com determinados fatos, bens ou situações prestigiados pela Carta Magna, encontra-se fora do alcance da entidade tributante. Esta, em função da regra

---

[173] Ibid., p. 14.
[174] Ibid., p. 14.
[175] SILVA, Edgard Neves da. Imunidade e isenção. In: _____. *Curso de direito tributário*. Belém: Cejup, s.d. p. 247.

constitucional imunizante, é incompetente para tributá-la, até porque as normas imunizantes são de eficácia plena e aplicabilidade imediata.[176]

Em suma, a imunidade, por assim dizer, reduz as dimensões do campo tributário das várias pessoas políticas.

É o que assinala Souto Maior Borges: "A regra jurídica de imunidade insere-se no plano das regras *negativas de competência*. O setor do social abrangido pela imunidade está *fora* do âmbito da tributação. Previamente excluído, como vimos, não poderá ser objeto de exploração pelos entes públicos" (grifo no original).[177]

Voltando à ideia central, reiteramos que os casos de imunidade estão todos definidos na própria Constituição Federal. Nesse sentido, temos por indisputável que desobedecer a uma regra de imunidade equivale a incidir em inconstitucionalidade. Ou, diz, expressivamente, Aliomar Baleeiro, "imunidades tornam inconstitucionais as leis ordinárias que as desafiam".[178]

Ressalta-se que nem a emenda constitucional poderia anular ou restringir as situações de imunidade contempladas na Constituição.[179] Por muito maior razão, a ação do legisla-

---

[176] Sobre essa temática, cf. SILVA, José Afonso. *Aplicabilidade das normas constitucionais*. 3. ed. São Paulo: Malheiros, 1998. p. 91 a 147.

[177] BORGES, Souto Maior. *Teoria geral da isenção tributária*. 3. ed. São Paulo: Malheiros, 2001. p. 219.

[178] BALEEIRO, Aliomar. *Direito tributário brasileiro*. 11. ed. Rio de Janeiro: Forense. 2000.

[179] A EC nº 3, de 17/3/1993, ferindo cláusulas pétreas (porque fez tábua rasa do princípio federativo e atropelou direitos inalienáveis de contribuintes), estabeleceu, em seu art. 2º, §2º, que o imposto sobre movimentação ou transmissão de valores e de créditos e direitos de natureza financeira não precisaria obedecer ao disposto no art. 150, VI, da CF. Buscando fundamento de validade nesse dispositivo da EC nº 3/1993, a Lei Complementar nº 77/1993 realmente determinou a incidência do tributo no mesmo exercício financeiro (art. 28), além de ter mandado desconsiderar as imunidades previstas no art. 150, VI, da CF (arts. 3º, 4º e 8º).
Nossas esperanças no sentido de que o Poder Judiciário, quando invocado, fulminaria tais irremissíveis inconstitucionalidades acabaram se confirmando com uma decisão, por maioria de votos, do STF na ADIn 939-7 (rel. min. Sydney Sanches). Nesta decisão ficou consignado: "[...] é inconstitucional, também, a Lei Complementar n. 77, de

dor ordinário, neste campo, encontra limites insuperáveis na Constituição.

Nem mesmo o constituinte derivado ou legislador ordinário podem ignorar as imunidades tributárias, por muito maior razão não poderá fazê-lo o aplicador das leis tributárias, interpretando-as, a seu talante, de modo a costeá-las.

As normas infraconstitucionais (leis, regulamentos, portarias, atos administrativos, sentenças etc.) não podem, de nenhum modo, diminuir o conjunto de normas imunizantes contidas na Constituição.

Aliás, nem mesmo o louvável propósito de evitar a fraude e a evasão tributária tem força bastante para anular o direito constitucional à imunidade.

Em termos mais precisos, o direito à imunidade é uma garantia fundamental constitucionalmente assegurada ao contribuinte, que nenhuma lei, poder ou autoridade pode anular.

Em suma, criar tributos, só a lei pode; violar imunidades tributárias, nem a lei pode. É que, no sistema constitucional tributário brasileiro, a materialidade das normas ordinárias instituidoras das regras-matrizes de incidência já se encontra qualificada no próprio Texto Supremo.

1.1 As imunidades do art. 150, inciso VI, da CRFB/1988

Estatui o art. 150, inciso VI, da CRFB/1988:

> [...] Art. 150. Sem prejuízo de outras garantias asseguradas ao contribuinte, é vedado à União, aos Estados, ao Distrito Fe-

---

13.7.93, sem redução de textos, nos pontos em que determinou a incidência do tributo no mesmo ano (art. 28) e deixou de reconhecer as imunidades previstas no art. 150, VI, 'a', 'b', 'c' e 'd', da CF (arts. 3º, 4º e 8º do mesmo diploma, LC n. 77/93)" (D/U, 18 mar. 1994, p. 5.165).

deral e aos Municípios: [...] VI — instituir impostos sobre: a) patrimônio, renda ou serviços, uns dos outros; b) templos de qualquer culto; c) patrimônio, renda ou serviços dos partidos políticos, inclusive suas fundações, das entidades sindicais dos trabalhadores, das instituições de educação e de assistência social, sem fins lucrativos, atendidos os requisitos da lei; d) livros, jornais, periódicos e o papel destinado a sua impressão.[180]

1.2 A imunidade recíproca

A Constituição brasileira de 1988, em seu art. 150, inciso VI, alínea "a", contempla a imunidade recíproca entre os entes políticos (União, estados, Distrito Federal e municípios), o que significa dizer que tais pessoas jurídicas de direito público não podem cobrar impostos sobre o patrimônio, a renda ou serviços uns dos outros. Por exemplo, a União não pode cobrar ITR de algum bem do município localizado em área rural; o município não pode cobrar IPTU de imóvel do estado ou da União localizado em sua jurisdição administrativa.

A imunidade recíproca decorre da especial condição das pessoas jurídicas de direito público, as quais encontram sua razão existencial no desempenho das funções essenciais do Estado.

Preleciona Ricardo Lobo Torres[181] que o instituto da imunidade recíproca é uma construção jurisprudencial da Suprema Corte americana, tendo como marco o caso McCulloch v. Maryland, em 1819, cujo relator foi o ministro Marshall. Na ocasião, a referida Corte de Justiça decidiu que não poderia incidir impostos estaduais sobre instituição financeira da União. Tal tese

---

[180] Disponível em: <www.planalto.gov.br/ccivil_03/constituicao/constituicaocompilado.htm>. Acesso em: 23 jan. 2013.
[181] TORRES, Ricardo Lobo. *Curso de direito financeiro e tributário*. 11. ed. Rio de Janeiro: Renovar, 2004. p. 70-71.

repercutiu no Brasil, o que já se podia verificar na Constituição de 1891, em especial pelas mãos de Rui Barbosa.

Ainda segundo Ricardo Lobo Torres,[182] a *ratio essendi* da imunidade recíproca é a liberdade, e explica que os entes políticos não são imunes por insuficiência de capacidade contributiva ou pela inutilidade das incidências mútuas, senão que gozam da proteção constitucional em homenagem aos direitos fundamentais dos cidadãos, que seriam feridos com o enfraquecimento do federalismo e da separação vertical dos poderes do Estado.

Como se pode verificar, o estudioso fundamenta a imunidade recíproca na proteção dos direitos humanos, o que não discrepa da sua concepção de imunidade. Ainda, vincula tais direitos ao federalismo, nossa forma de Estado, sustentada na separação de poderes, na repartição da carga tributária e das prestações de serviços públicos.

Ainda, nessa linha de preleção, Paulo de Barros Carvalho[183] sustenta que a imunidade recíproca, prevista no art. 150, inciso VI, alínea "a", da Carta de 1988, é "uma decorrência pronta e imediata do postulado da isonomia dos entes constitucionais, sustentado pela estrutura federativa do Estado brasileiro e pela autonomia dos Municípios".

Oportuno trazer também a contribuição da magistrada Regina Helena Costa[184] sobre a imunidade recíproca, que fundamenta o instituto a partir de duas perspectivas: a primeira sobre o princípio federativo (elencado no rol das denominadas cláusulas pétreas do art. 60, §4º, inciso I, da CRFB/1988) e da autonomia dos municípios; e a segunda, diferentemente da tese

---

[182] Ibid., p. 71.
[183] CARVALHO, Paulo de Barros. *Curso de direito tributário*, 2008, op. cit., p. 206.
[184] COSTA, Regina Helena. *Curso de direito tributário*: Constituição e Código Tributário Nacional. São Paulo: Saraiva, 2009. p. 84-85. Para a autora em tela, a imunidade recíproca estende-se também aos impostos indiretos, como é o caso do IPI e ICMS, com vistas à proteção do patrimônio dos entes políticos.

sustentada por Lobo Torres acima referida, se justifica em razão da ausência da capacidade contributiva das pessoas políticas, porquanto seus recursos já estariam comprometidos com os serviços públicos que lhes são inerentes.

Saliente-se que a imunidade recíproca não abarca as hipóteses em que a exploração das atividades tem caráter econômico, consoante se extrai do art. 150, §3º, da Constituição de 1988,[185] porquanto não se evidencia aí o fundamento básico do instituto da imunidade, que é a garantia da efetiva prestação dos serviços públicos.

Para que se possa melhor compreender a razão pela qual o legislador constituinte estendeu a imunidade recíproca às autarquias e fundações dos entes políticos, nos termos do art. 150, §2º, da CRFB/1988,[186] cabe, ainda que de forma sucinta, examinar alguns aspectos dessas entidades da administração indireta (matéria afeta à disciplina de direito administrativo, porém conexa com o tema aqui abordado).

A estrutura administrativa do Estado é dividida em administração direta e, pelo critério da descentralização, em administração indireta; desta integram as autarquias, as fundações públicas, as empresas públicas, as sociedades de economia mista e outras empresas controladas.

Segundo lições de José Cretella Junior,[187] a expressão "autarquia" compreende duas palavras: *autós* (que significa próprio) e

---

[185] Constituição da República Federativa do Brasil de 1988: Ver. Art. 150. §3º — As vedações do inciso VI, "a", e do parágrafo anterior não se aplicam ao patrimônio, à renda e aos serviços, relacionados com exploração de atividades econômicas regidas pelas normas aplicáveis a empreendimentos privados, ou em que haja contraprestação ou pagamento de preços ou tarifas pelo usuário, nem exonera o promitente comprador da obrigação de pagar imposto relativamente ao bem imóvel.
[186] Constituição da República Federativa do Brasil de 1988: Ver. Art. 150. §2º — A vedação do inciso VI, "a", é extensiva às autarquias e às fundações instituídas e mantidas pelo Poder Público, no que se refere ao patrimônio, à renda e aos serviços, vinculados a suas finalidades essenciais ou às delas decorrentes.
[187] CRETELLA JR., José. *Administração indireta brasileira*. Rio de Janeiro: Forense, 1980. p. 139.

arqui (traduzida nas expressões comando, governo, direção). Tal expressão teria sua origem na Itália, utilizada por Santi Romano, em 1897, ocasião em que escreveu sobre o tema da descentralização administrativa. No Brasil, ensina Maria Sylvia Zanella di Pietro,[188] já existiam autarquias mesmo antes do desenvolvimento de seu conceito. O primeiro diploma legal a tratar do conceito desta entidade foi o Decreto-Lei nº 6.016/1943, o qual a definia como "serviço estatal descentralizado, com personalidade de direito público, explícita ou implicitamente reconhecida por lei". Hoje o seu conceito legal está no Decreto-Lei nº 200/1967, em seu art. 5º, inciso I, que dispõe, *in verbis*:

> serviço autônomo, criado por lei, com personalidade jurídica, patrimônio e receita próprios, para executar atividades típicas da Administração Pública, que requeiram, para seu melhor funcionamento, gestão administrativa e financeira descentralizada.[189]

Em síntese, as autarquias são criadas por lei, nos termos do art. 37, XIX, da CRFB/1988, com vistas a desempenhar atividades típicas de Estado, as quais a administração direta delega, dentro do processo de descentralização administrativa. Elas funcionam como um braço da administração central, por isso detêm as mesmas prerrogativas daquela, como: as imunidades tributárias (art. 150, §2º, da CRFB/1988); o duplo grau de jurisdição (art. 475, do CPC); prazo em quádruplo para contestar e em dobro para recorrer (art. 188, do CPC); e foro privativo (art. 109, inciso I, da CRFB/1988).

Nesse cenário, a imunidade recíproca das autarquias se justifica em razão de suas finalidades essenciais de interesse público.

---

[188] DI PIETRO, Maria Sylvia Zanella. *Direito administrativo*. 16. ed. São Paulo: Atlas, 2003. p. 366-367.
[189] BRASIL. Decreto-Lei nº 200, de 25 de fevereiro de 1967.

A base constitucional dessa prerrogativa encontra-se também no art. 150, §2º, da Carta de 1988.

Assim como as autarquias, a criação das fundações públicas obedece a critérios finalísticos de interesse público, cuja atividade a ser desenvolvida depende de uma série de fatores. Ao contrário, no entanto, das autarquias, que são criadas por lei, as fundações são, a seu turno, autorizadas por lei específica, assim como o são as empresas públicas e as sociedades de economia mista, *ex vi* do art. 37, XIX, da CRFB/1988.[190]

O Decreto-Lei nº 200/1967, em seu art. 5º, inciso IV,[191] define as fundações públicas como pessoas jurídicas de direito privado sem fins lucrativos. O Código Civil de 2002, por sua vez, em seu art. 41,[192] elenca as pessoas jurídicas de direito público interno, e não há previsão expressa da figura das fundações no referido rol, mas pode-se extraí-la do disposto no inciso V, do indigitado artigo, que dispõe: "as demais entidades de caráter público criadas por lei". Dito de outra forma: nada impede de o poder público, por meio de lei específica, dar personalidade jurídica de direito público a uma fundação pública, que, em

---

[190] Constituição da República Federativa do Brasil de 1988: Art. 37. A administração pública direta e indireta de qualquer dos Poderes da União, dos Estados, do Distrito Federal e dos Municípios obedecerá aos princípios de legalidade, impessoalidade, moralidade, publicidade e eficiência e, também, ao seguinte: (Redação dada pela Emenda Constitucional nº 19, de 1998) XIX — somente por lei específica poderá ser criada autarquia e autorizada a instituição de empresa pública, de sociedade de economia mista e de fundação, cabendo à lei complementar, neste último caso, definir as áreas de sua atuação; (Redação dada pela Emenda Constitucional nº 19, de 1998).

[191] Decreto-Lei nº 200, de 25 de fevereiro de 1967. Art. 5º Para os fins desta lei, considera-se: IV — Fundação Pública — a entidade dotada de personalidade jurídica de direito privado, sem fins lucrativos, criada em virtude de autorização legislativa, para o desenvolvimento de atividades que não exijam execução por órgãos ou entidades de direito público, com autonomia administrativa, patrimônio próprio gerido pelos respectivos órgãos de direção, e funcionamento custeado por recursos da União e de outras fontes. (Incluído pela Lei nº 7.596, de 1987).

[192] Lei nº 10.406, de 10 de janeiro de 2002. Art. 41. São pessoas jurídicas de direito público interno: V — as demais entidades de caráter público criadas por lei.

regra, conforme expresso no Decreto-Lei nº 200/1967, teria personalidade jurídica de direito privado.

1.2.1 AS EMPRESAS PÚBLICAS E AS SOCIEDADES DE ECONOMIA MISTA PRESTADORAS DE SERVIÇO PÚBLICO DE PRESTAÇÃO OBRIGATÓRIA E EXCLUSIVA DO ESTADO E A IMUNIDADE RECÍPROCA

Dispõe o §3º do art. 150 da CRFB/1988 que a denominada imunidade recíproca não se aplica ao patrimônio, à renda e aos serviços, relacionados com exploração de atividades econômicas regidas pelas normas aplicáveis a empreendimentos privados, ou em que haja contraprestação ou pagamento de preços ou tarifas pelo usuário, nem exonera o promitente comprador da obrigação de pagar imposto relativamente ao bem imóvel. Nessa linha, estabelece o §1º do art. 173 da CRFB/1988 que a lei estabelecerá o estatuto jurídico da empresa pública, da sociedade de economia mista e de suas subsidiárias que explorem atividade econômica de produção ou comercialização de bens ou de prestação de serviços, determinando que elas se sujeitem ao regime jurídico próprio das empresas privadas, inclusive quanto aos direitos e obrigações civis, comerciais, trabalhistas e tributários. Na mesma toada, dispõe o §2º do mesmo art. 173 que as empresas públicas e as sociedades de economia mista não poderão gozar de privilégios fiscais não extensivos às do setor privado.

O STF, em sede de recurso extraordinário, no RE nº 407.099,[193] se manifestou no sentido da possibilidade de ex-

---

[193] "As empresas públicas prestadoras de serviço público distinguem-se das que exercem atividade econômica. A Empresa Brasileira de Correios e Telégrafos é prestadora de serviço público de prestação obrigatória e exclusiva do Estado, motivo por que está abrangida pela imunidade tributária recíproca: CF, art. 150, VI, *a*." (RE 407.099, rel. min. Carlos Velloso, julgamento em 22-6-2004, Segunda Turma, *DJ*, 6 ago. 2004.). No mesmo sentido: ACO 789, rel. p/ o ac. min. Dias Toffoli, julgamento em 1º-9-2010, Plenário, *DJe*, 15 out. 2010; RE 443.648-AgR, rel. min. Joaquim Barbosa, julgamento em 20-4-2010, Segunda Turma, *DJe*, 28 maio 2010; ACO 803-TAR-QO, rel. min. Celso

tensão da imunidade recíproca quando as atividades daquelas pessoas jurídicas estiverem vinculadas à prestação de serviço público obrigatório e exclusivo do poder público, o que se diferencia, de acordo com a lógica do Supremo, daquelas que exploram atividades econômicas regidas pelas normas aplicáveis a empreendimentos privados, ou em que haja contraprestação ou pagamento de preços ou tarifas pelo usuário. Pode-se trazer como exemplos: a Empresa de Correios e Telégrafos, a ECT e a Infraero.

Ademais o STF, em outra decisão (AI 558.682 — AgR), reconheceu que a imunidade recíproca da Sociedade de Economia Mista, Companhia Docas do Estado de São Paulo (Codesp), só poderia ser afastada se comprovada "obtenção de lucro, a transferência do benefício a particular ilegítimo ou a lesão à livre-iniciativa e às regras de concorrência" comprovado por meio do devido processo legal.[194]

1.3 As imunidades dos templos de qualquer culto

São igualmente imunes à tributação por meio de impostos os templos de qualquer culto, conforme estipula o art. 150, inciso VI, alínea "b", da CRFB.

---

de Mello, julgamento em 14-4-2008, Plenário, *DJe*, 27 set. 2011; ACO 811-AgR, rel. min. Gilmar Mendes, julgamento em 26-4-2007, Plenário, *DJ*, 14 dez. 2007. Disponível em: <www.stf.jus.br>. Acesso em: 23 jan. 2013.

[194] "No julgamento do RE 253.472 (Rel. Min. Marco Aurélio, Rel. p/ ac. Min. Joaquim Barbosa, Pleno, julgamento em 25-8-2010), esta Corte reconheceu que a imunidade tributária recíproca aplica-se às sociedades de economia mista que se caracterizam inequivocamente como instrumentalidades estatais (sociedades de economia mista 'anômalas'). O foco na obtenção de lucro, a transferência do benefício a particular ilegítimo ou a lesão à livre-iniciativa e às regras de concorrência podem, em tese, justificar o afastamento da imunidade." (AI 558.682-AgR, rel. min. Joaquim Barbosa, julgamento em 29-5-2012, Segunda Turma, *DJe*, 19 jun. 2012.). No mesmo sentido: RE 647.881-AgR, voto da rel. min. Cármen Lúcia, julgamento em 18-9-2012, Segunda Turma, *DJe*, 5 out. 2012. Disponível em: <www.stf.jus.br> Acesso em: 23 jan. 2013.

O art. 5º, inciso VI, da CRFB/1988[195] aprova a garantia de liberdade religiosa dos cidadãos, independentemente do modo como ocorra sua manifestação e divulgação. Essa prerrogativa conferida aos templos pode encontrar sua razão partindo do pressuposto de que as atividades religiosas não buscam o lucro.

Para Roque Antonio Carrazza,[196] a rigor, não alcança o templo propriamente dito, isto é, o local destinado a cerimônias religiosas, mas, sim, a entidade investida do templo, a igreja.

Compreende uma forma de resguardar os interesses precípuos das igrejas e não desvirtuá-las para os assuntos da vida econômica. O legislador procurou, na alínea "b" do inciso VI do art. 150, impedir que as atividades religiosas sofressem qualquer coação fiscal. Aliomar Baleeiro entende que o vocábulo "templo, no dispositivo constitucional, não abrange apenas a materialidade do edifício, mas compreende o próprio culto".

Para Roque Antônio Carrazza,

> [...] nos termos do art 150, VI da CF, são imunes à tribulação por via de impostos: [...]; b) os templos de qualquer culto (aí compreendidos seus anexos, como, v.g., a casa paroquial, a casa do pastor, a casa do rabino, o Seminário, o Convento, o Centro de Formação de Pastores, etc.), não, porém, as rendas provenientes de alugueres de imóveis, da venda de objetos sacros, da exploração comercial de estacionamentos, etc., ainda que os rendimentos assim obtidos reverterem em benefício do culto.

---

[195] Constituição da República Federativa do Brasil de 1988: Art. 5º Todos são iguais perante a lei, sem distinção de qualquer natureza, garantindo-se aos brasileiros e aos estrangeiros residentes no País a inviolabilidade do direito à vida, à liberdade, à igualdade, à segurança e à propriedade, nos termos seguintes: VI — é inviolável a liberdade de consciência e de crença, sendo assegurado o livre exercício dos cultos religiosos e garantida, na forma da lei, a proteção aos locais de culto e a suas liturgias.
[196] CARRAZZA, Roque Antonio. Curso de direito constitucional tributário. 23. ed. São Paulo: Malheiros. 2006.

Segundo a lição de Hugo de Brito Machado,[197]

> [...] nenhum imposto incide sobre os templos de qualquer culto. Templo não significa apenas a edificação, mas tudo quanto seja ligado ao exercício de atividade religiosa. Não pode haver imposto sobre missas, batizados ou qualquer outro ato religioso. Nem sobre qualquer bem que esteja a serviço do culto. Mas pode incidir imposto sobre bens pertencentes à Igreja, desde que não sejam instrumentos desta. Prédios alugados, por exemplo, assim como os respectivos rendimentos, podem ser tributados. Não a casa paroquial, ou o convento, ou qualquer outro edifício para atividades religiosas, ou para residência dos religiosos. Nenhum requisito pode a lei estabelecer. Basta que se trate de culto religioso.

Sacha Calmon Navarro Coêlho[198] manifesta o seguinte entendimento:

> Hoje, os templos de todas as religiões são comumente edifícios. Nada impede, porém, como lembrado por Baleeiro, que o templo ande sobre barcos, caminhões ou vagonetes, ou seja um terreno não edificado.
> O templo, dada a isonomia de todas as religiões, não é só a catedral católica, mas a sinagoga, a casa espírita Kardecista, o terreiro de candomblé ou de umbanda, a igreja protestante, xintoísta ou budista e a mesquita maometana.
> No que diz respeito ao IPTU, não podem os Municípios tributar os prédios ou terrenos onde se exerce o culto (os templos).

---

[197] MACHADO, Hugo de Brito. *Curso de direito tributário*. 28. ed. São Paulo: Malheiros, 2007.
[198] COÊLHO, Sacha Calmon Navarro. *Curso de direito tributário brasileiro*, 2002, op. cit.

A expressão templo de qualquer culto abrange, ao meu sentir, o lugar, de livre acesso aos fiéis, destinado a meditação teológica e a íntima sintonia com o Criador, onde se realizam os atos de adoração e louvação a Deus. Nela vislumbramos o prédio da Igreja ou Sinagoga, com os símbolos, imagens e objetos sacros e suas dependências, mesmo que compartimentos dele sejam utilizados para a residência do padre, pastor ou rabino, ou para ensino de religiosos, o terreno contíguo e acessórios do templo, como o espaço destinado ao adro ou aglomeração de fiéis, em dias de festas religiosas ou cerimônias que atraem grande número de pessoas da comunidade e, até mesmo o barracão ou terreno sem edificação desde que nesse lugar se oficie, preponderantemente e com habitualidade, o culto, como os terrenos da religião afro-brasileira.

Para arrematar, Aliomar Baleeiro: "a imunidade relativa aos templos de qualquer culto só produzirá todos os frutos almejados pela Constituição se for interpretada sem distinções sutis nem restrições, mesquinhas", nos termos do artigo 150, §4º da CRFB/1988.

Considerando-se que a República Federativa do Brasil é um Estado laico, ou seja, sem religião oficial, e que a imunidade tributária prevista no art. 150, inciso VI, alínea "b" da CRFB/1988 se refere a "templos de qualquer culto", interessante é o conhecimento de questão apreciada pelo STF (RE 562.351)[199] envolvendo a imunidade dos templos (art. 150, inciso VI, alínea "b" da CRFB/1988) e a maçonaria.

---

[199] "A imunidade tributária conferida pelo art. 150, VI, *b*, é restrita aos templos de qualquer culto religioso, não se aplicando à maçonaria, em cujas lojas não se professa qualquer religião". (RE 562.351, rel. min. Ricardo Lewandowski, julgamento em 4-9-2012, Primeira Turma, *DJe*, 14 dez. 2012.) Disponível em: <www.stf.jus.br>. Acesso em: 23 jan. 2013.

Em recente decisão o STF pronunciou-se quanto aos requisitos relativos à imunidade tributária prevista constitucionalmente, notadamente "templos de qualquer culto", se são aplicados a maçonaria.

No caso originário (embargos à execução fiscal), a maçonaria buscou afastar a cobrança de IPTU pelo município de Porto Alegre com base no art.150, inciso VI, alínea "b" da CRFB/1988.

Em sede de apelação, o Tribunal de Justiça reconheceu a não incidência da imunidade tributária (dos templos) por não ser a maçonaria uma atividade de educação ou de assistência social (nos moldes do previsto para o art. 150, inciso VI, alínea "c", da CRFB/1988). Ademais, entendeu o TJ que a atividade ali desempenhada pela maçonaria não é prestada pelo Estado, que a maçonaria é uma associação fechada, na qual não participa qualquer indivíduo, bem como que a maçonaria não exercita uma religião, mas uma filosofia de vida.

O STF, no Recurso Especial nº 562.351, também afastou o reconhecido da incidência da imunidade tributária nos templos e lojas da maçonaria. Reconheceu o STF que a maçonaria não é religião, instituição de assistência social ou instituição de educação, e, sim, uma ideologia de vida, na qual não há dogmas.[200]

1.4 Imunidades dos partidos políticos e suas fundações

Os partidos políticos são considerados pessoas jurídicas de direito público e, de acordo com o art. 134 da Lei nº

---

[200] Não obstante o STF ter decidido pela não aplicação da imunidade tributária a lojas das maçonarias, pelo fato de lá não se processar qualquer culto religioso, interessante reflexão pode ser extraída do voto do ministro Marco Aurélio (voto foi vencido). O ministro asseverou em seu voto que culto pelo próprio sentido semântico da palavra refere-se à adoração de uma entidade divina, logo, se os maçons adoram a Deus, estariam praticando cultos e por tal razão estariam em local protegido pelo manto da imunidade tributária.

1.164/1950,[201] entidades às quais o Estado atribui personalidade pública.

Uma coisa, porém, precisa ser dita: só têm direito à imunidade tributária os partidos políticos regularmente constituídos. Um partido político está regularmente constituído quando seus estatutos têm registro, ainda que provisório, no Tribunal Superior Eleitoral (TSE).

A imunidade protege o patrimônio, a renda e os serviços, desde que relacionados com as finalidades essenciais dos entes explicitados.[202]

1.5 As imunidades das entidades sindicais dos trabalhadores e das instituições de educação e assistência social

1.5.1 AS ENTIDADES SINDICAIS DOS TRABALHADORES

Também são imunes a impostos as entidades sindicais dos trabalhadores. Remarcamos: dos trabalhadores. Andou bem a Constituição ao excluir do benefício as entidades patronais.

As entidades sindicais têm como atividade primordial a melhoria das condições de trabalho, respaldadas pela Constituição Federal de 1988, em seu art. 8º.[203]

---

[201] Lei nº 1.164, de 24 de julho de 1950 (Código Eleitoral). Art. 134. A reforma do programa ou dos estatutos de um partido político só entrará em vigor, depois de aprovada pelo Tribunal Superior e publicada.

[202] Inclusive nesse sentido já existe Súmula do STF, a saber: "Ainda quando alugado a terceiros, permanece imune ao IPTU o imóvel pertencente a qualquer das entidades referidas pelo art. 150, VI, c, da Constituição, desde que o valor dos aluguéis seja aplicado nas atividades essenciais de tais entidades". (Súmula 724) Disponível em: <www.stf.jus.br>. Acesso em: 23 jan. 2013.

[203] Constituição da República Federativa do Brasil de 1988: Art. 8º. É concedida anistia aos que, no período de 18 de setembro de 1946 até a data da promulgação da Constituição, foram atingidos, em decorrência de motivação exclusivamente política, por atos de exceção, institucionais ou complementares, aos que foram abrangidos pelo Decreto Legislativo nº 18, de 15 de dezembro de 1961, e aos atingidos pelo Decreto-Lei nº 864, de 12 de setembro de 1969, asseguradas as promoções, na inatividade, ao

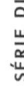

O que desafia o entendimento dos hermeneutas quanto à imunidade das entidades sindicais se refere ao fato de que sua aplicação se restringe aos sindicatos dos empregados, enquanto aos patronais não lhes é concedida tal prerrogativa.[204]

O que a Carta Magna pretendeu foi favorecer a sindicalização dos trabalhadores, principalmente daqueles que exercem atividades economicamente mais humildes, como os barbeiros, empregados no comércio varejista, padeiros etc.

Se esses pequenos sindicatos tivessem, ainda por cima, que suportar impostos, em pouco tempo ficariam inviáveis.

Um sindicato de empregados não pode ser compelido a pagar IPTU (sobre o imóvel onde tem sede), IR (sobre os rendimentos que aufere), ISS (sobre os serviços que presta aos seus filiados) etc.[205]

1.5.2 As instituições de educação

A educação, como princípio basilar ao desenvolvimento da cultura de um povo, tem seu aparato jurídico consubstanciado no art. 205 da Magna Carta, com a seguinte proclamação:

---

cargo, emprego, posto ou graduação a que teriam direito se estivessem em serviço ativo, obedecidos os prazos de permanência em atividade previstos nas leis e regulamentos vigentes, respeitadas as características e peculiaridades das carreiras dos servidores públicos civis e militares e observados os respectivos regimes jurídicos .(Regulamento).
[204] Sobre o tema, Eduardo Sabbad assevera que: "Não perca de vista que os efeitos protetivos de preceito imunitório alcançarão, naturalmente, as associações sindicais estaduais e nacionais, a saber, as *Federações* (conjunto de, pelo menos, cinco sindicatos, conforme o art. 534 da CLT) e as *Confederações* (conjunto de, pelo menos, três Federações, consoante o art. 535 da CLT). Da mesma forma, a regra se estende às *Centrais Sindicais*". (grifo no original) In: SABBAG, Eduardo. *Manual de direito tributário*. São Paulo: Saraiva. 2012. p. 325.
[205] "[...] a imunidade em tela alcança também as *centrais sindicais* (por exemplo, a *Central Única dos Trabalhadores*). A *central sindical* é formada pela reunião de vários sindicatos de empregados". CARRAZZA, Roque Antonio. *Curso de direito constitucional tributário*, 2000, op. cit., p. 25.

Art. 205. A educação, direito de todos e dever do Estado e da família, será promovida e incentivada com a colaboração da sociedade, visando ao pleno desenvolvimento da pessoa, seu preparo para o exercício da cidadania e sua qualificação para o trabalho.[206]

Aliomar Baleeiro define o que vem a ser entidade educacional:

Instituição de educação não significa apenas a de caráter estritamente didático, mas toda aquela que aproveita à educação e à cultura em geral, como o laboratório, centro de pesquisas, museu, o atelier de pintura e de escultura, o ginásio de desportos, academias de letras, artes e ciências, sem intuitos lucrativos, ainda que, para a sua manifestação, ceda onerosamente direitos autorais, patentes de invenção e descobertas, etc.

Em face da relevância da educação e ciente das deficiências do Estado no setor, o constituinte autorizou, já indicando como requisito básico a ausência de fins lucrativos, o ensino proporcionado também por meio de instituições privadas. O benefício está restrito às finalidades essenciais da instituição educacional (art. 150, §4º, da CRFB/1988). Com efeito, o art. 209 da Carta Fundamental proclama textualmente ser o ensino "livre à iniciativa privada", bastando que ela cumpra as "normas gerais da educação nacional" (inc. I) e tenha "autorização e avaliação de qualidade pelo Poder Público" (inc. II).

Assim, o art. 150, inciso VI, alínea "c", da CRFB/1988 estabelece serem imunes a impostos "as instituições de educação, sem fins lucrativos, atendidos os requisitos de lei".[207]

---

[206] Disponível em: <www.planalto.gov.br/ccivil_03/constituicao/constituicaocompilado.htm>. Acesso em: 23 jan. 2013.

[207] Disponível em: <www.planalto.gov.br/ccivil_03/constituicao/constituicaocompilado.htm> Acesso em: 23 jan. 2013.

Com sua proverbial didática, Geraldo Ataliba auxilia-nos:

> A Constituição não pôs requisitos outros, além de tratar-se de instituição que cuide de matéria de educação ou assistência social e não ter fins lucrativos. Só poderá o Congresso Nacional cuidar de algumas outras características essenciais que decorram de outros princípios constitucionais, ou desse mesmo preceito deduzir explicitamente desdobramentos ou implicações que nele já se contenham.
> Parece visível que esta lei complementar específica está para a Constituição assim como o regulamento está para a lei. O que, além, é da teoria da lei complementar, dispensando, pelo menos por enquanto, a necessidade de maior esforço de demonstração (J. Afonso, Souto Maior, Manoel Gonçalves).
> Parece evidentemente ser melhor interpretação a que não dá à lei complementar o poder de alterar substancialmente a materialidade da norma contida na Constituição. Se se admitir essa possibilidade, corre-se o risco seja de anulação do desígnio máximo, por obra do Congresso, seja de ampliação desmedida do mesmo, contra o objetivo constitucional.
> O que o art. 150, VI, 'c', quer é a colaboração destas entidades — particulares por natureza — com o Estado. Quer a Constituição não só incentivar pessoas privadas a que criem instituições de educação e assistência suprindo as deficiências da ação estatal, aperfeiçoando-a ou melhorando-a, como ainda visa a assegurar que essas entidades existam desembaraçadamente, inclusive quanto a encargos tributários.[208]

A própria Constituição estabelece as condições da imunidade, não podendo lei complementar, sob pena de irremissível inconstitucionalidade, erigir outras.

---

[208] ATALIBA, Geraldo. Imunidade de instituições de educação e assistência. RDT, n. 55, p. 139, jan./mar. 1991.

A expressão "sem finalidade de lucro", absolutamente, não quer significar que a gratuidade na prestação deste serviço é requisito essencial para o desfrute da imunidade.

Tal é o entendimento também de Elizabeth Nazar Carrazza:

> O legislador constituinte, fazendo uso da palavra "instituições" quis imunizar as entidades formadas com o propósito de servir à coletividade, colaborando com o Estado ao suprir suas deficiências, no setor educacional. Se, apenas para argumentar, *as entidades particulares não gozassem de imunidade, pela só circunstância de não serem gratuitos os seus serviços, jamais este sentido da norma constitucional poderia ser alcançado.* (grifos nossos)[209]

O benefício também alcança — se, evidentemente, preencherem os mesmos requisitos — o museu, o centro de pesquisas, as academias de letras, artes e ciência e outras entidades congêneres, que, embora não tenham objetivos estritamente didáticos, também contribuem para a educação.

1.5.3 As instituições de assistência social

Segundo Roque Antonio Carrazza, as instituições de assistência social foram declaradas, pela Constituição, imunes a impostos justamente porque secundam o Estado na realização do bem comum. Exercem atribuições que são típicas do Estado (é o que fazem as Santas Casas de Misericórdia, que dão assistência médico-hospitalar gratuita à pessoas carentes). Assim, é altamente louvável que usufruam de certos benefícios, como o

---

[209] CARRAZZA, Elizabeth Nazar. Imunidade de instituições de educação e assistência. In: RDT, n. 3, p. 170, jan./mar. 1978.

de não serem obrigadas a pagar impostos (IR, ISS, IPTU, imposto sobre a importação etc.). Não tendo finalidades lucrativas, não poderiam, mesmo, ser tributadas por meio de impostos, por força do art. 145, §1º, da CRFB, que consagra o princípio da capacidade contributiva.

Hugo de Brito Machado acrescenta que essa imunidade é condicionada às entidades que prestam assistência social, contudo não possuem fins lucrativos. Ainda de acordo com Hugo de Brito, os requisitos dispostos no art. 14 do CTN[210] traduzem a finalidade não lucrativa (art. 14, incisos I a III do CTN). O disposto na alínea "c" do inciso IV do art. 9º é subordinado à observância dos seguintes requisitos pelas entidades nele referidas:

I — não distribuírem qualquer parcela de seu patrimônio ou de suas rendas, a qualquer título;

II — aplicarem integralmente, no País, os seus recursos na manutenção dos seus objetivos institucionais;

III — manterem escrituração de suas receitas e despesas em livros revestidos de formalidades capazes de assegurar sua exatidão.

Este benefício absolutamente não desaparece, nem pode ser suspenso, no caso de descumprimento de outros requisitos, como os apontados no art. 9º, §1º, do CTN.[211]

Para que se mantenha o benefício da imunidade não é necessário que a instituição assistencial sem fins lucrativos

---

[210] Lei nº 5.172, de 25 de outubro de 1966. Art. 14. O disposto na alínea c do inciso IV do artigo 9º é subordinado à observância dos seguintes requisitos pelas entidades nele referidas: I — não distribuírem qualquer parcela de seu patrimônio ou de suas rendas, a qualquer título; (Redação dada pela Lcp nº 104, de 10.1.2001) II — aplicarem integralmente, no País, os seus recursos na manutenção dos seus objetivos institucionais; III — manterem escrituração de suas receitas e despesas em livros revestidos de formalidades capazes de assegurar sua exatidão.

[211] Lei nº 5.172, de 25 de outubro de 1966. Art. 9º É vedado à União, aos Estados, ao Distrito Federal e aos Municípios: §1º O disposto no inciso IV não exclui a atribuição, por lei, às entidades nele referidas, da condição de responsáveis pelos tributos que lhes caiba reter na fonte, e não as dispensa da prática de atos, previstos em lei, assecuratórios do cumprimento de obrigações tributárias por terceiros.

esteja aberta a qualquer pessoa que dela queira beneficiar-se. É dispensável, para os fins do art. 150, inciso VI, alínea "c", da CRFB/1988, o atributo da generalidade do acesso dos beneficiários, devendo o acesso estar caracterizado pela impessoalidade, considerando que todas as pessoas que preencham determinados requisitos ou pressupostos (por exemplo, que sejam servidores públicos de uma dada pessoa política) possam colocar-se sob o pálio da instituição assistencial. Nada impede, porém, que seu campo de atuação seja restrito a uma comunidade, a uma classe de pessoas, de empregados, de servidores públicos etc., não podendo apenas haver particularidade na escolha dos favorecidos, isto é, que os favorecidos estejam de antemão individualizados, sendo vedado o ingresso de outras pessoas na instituição, ainda que preencham idênticos requisitos (v.g., também sejam servidores da mesma pessoa política ou empregados da mesma empresa patrocinadora).

A instituição assistencial não perde suas características e, consequentemente, não perde o direito à imunidade, caso se dedique a atividades lucrativas capazes de torná-la patrimonialmente mais próspera. Suas receitas não precisam ser negativas ou limitar-se a custos operacionais. Pode, perfeitamente, ter-se sobras financeiras, até para evitar que a médio ou longo prazo feneça. Não podendo, contudo, haver qualquer distribuição do lucro aos fundadores, dirigentes ou administradores; a apropriação particular dos resultados positivos.

Mas, se as preditas atividades econômicas forem exploradas como meio para a consecução dos objetivos públicos da instituição, assegurando-lhe a sobrevivência, o direito à imunidade remanescerá íntegro.

Depois, o próprio art. 14, inciso I, do CTN, anteriormente citado, não veda a possibilidade de resultados econômicos positivos (sobras financeiras). Apenas veda que sejam distribuídos, a qualquer título — aí compreendido o lucro.[212]

Ao afastar a instituição assistencial sem fins lucrativos dos impostos que a economia rotula de "sobre o patrimônio" (ITR, ITBI, IPVA, IPTU etc.), estar-se-á, inequivocamente, protegendo a própria entidade.

A propósito, a Súmula 730 do STF também interpreta a Constituição, art. 150, inciso VI, alínea "c", para tratar da extensão dessa imunidade às entidades fechadas de previdência social privada. A referida súmula estabelece que

---

[212] A Constituição Federal não nos fornece definição alguma de lucro. O termo "lucro", porém, não é um simples "rótulo". Tampouco, *vénia concessa*, é uma "caixa vazia", dentro da qual o legislador, o intérprete ou o aplicador pode colocar o que melhor lhe aprouver. Pelo contrário, "lucro" tem uma acepção técnica, revelada pelo direito societário. O diploma normativo que define o lucro é a Lei das Sociedades Anônimas (Lei nº 6.404, de 15.12.76), cujo art. 191 estabelece: Art. 191. Lucro líquido do exercício é o resultado do exercício que remanescer depois de deduzidas as participações de que trata o art. 190. Prescreve este art. 190: Art. 190. As participações estatutárias de empregados, administradores e partes beneficiárias serão determinadas, sucessivamente e, nessa ordem, com base nos lucros que remanescerem depois de deduzida a participação anteriormente calculada.

Também há de ser considerado, para o correto entendimento do assunto, o art. 186 da mesma Lei nº 6.404/1976; *verbis*:

Art. 186. A demonstração dos lucros ou prejuízos acumulados discriminará:

I — o saldo do início do período, os ajustes de exercícios anteriores e a correção monetária do saldo inicial;

II — as reversões de reservas e o lucro líquido do exercício;

III — as transferências para reservas, os dividendos, a parcela dos lucros incorporada ao capital e o saldo ao fim do período.

§1º. Como ajustes de exercícios anteriores serão considerados apenas os decorrentes de efeitos da mudança de critério contábil, ou da retificação de erro imputável a determinado exercício anterior, e que não possam ser atribuídos a fatos subsequentes.

§2º. A demonstração de lucros ou prejuízos acumulados deverá indicar o montante do dividendo por ação do capital social e poderá ser incluída na demonstração das mutações do patrimônio líquido, se elaborada e publicada pela companhia.

Deixando de lado detalhes, que não vêm para aqui, o fato é que da análise desses artigos ressai nitidamente que *lucro é o residindo positivo* experimentado pela pessoa jurídica, num dado período de apuração, abatidos os valores empregados para obtê-lo. O lucro enseja um acréscimo na capacidade econômica do contribuinte, ou, se preferirmos, revela disponibilidade de riqueza nova. E esta é fruto de um *residindo final*, que deve levar em conta não apenas as receitas da pessoa jurídica, mas as despesas necessárias à sua obtenção (custos, prejuízos, provisões, participações etc.).

A imunidade tributária conferida às instituições de assistência social sem fins lucrativos pelo art. 150, VI, c, da Constituição, somente alcança as entidades fechadas de previdência social privada se não houver contribuição dos beneficiários.[213]

Dentro do espírito da Constituição e dos propósitos do sistema, a Súmula 724 do STF interpreta o texto constitucional em seu art. 150, inciso VI, alínea "c", que estabelece as imunidades em favor do patrimônio, renda e serviços (empregados em suas finalidades essenciais ou dela decorrentes) dos partidos políticos (e suas fundações), entidades sindicais de trabalhadores e entidades de educação e assistência social, sem fins lucrativos, que atendam aos requisitos de lei. A Súmula em questão entende que:

> [...] Ainda quando alugado a terceiros, permanece imune ao IPTU o imóvel pertencente a qualquer das entidades referidas pelo art. 150, VI, c, da Constituição, desde que o valor dos aluguéis seja aplicado nas atividades essenciais de tais entidades [...].[214]

A instituição de assistência social sem fins lucrativos é imune à tributação por meio de imposto predial e territorial urbano (IPTU) sobre os imóveis de sua propriedade locados a terceiros, para atingir seus objetivos institucionais.

O fundamental, no caso, é que as receitas assim obtidas se destinem ao custeio desses objetivos. Não havendo de se falar em desvio de finalidade, considerando que tais ganhos formarão reservas capazes de manter o equilíbrio financeiro e atuarial, facilitando assim o pleno atingimento de seus fins.

---

[213] BRASIL. Supremo Tribunal Federal. Súmula nº 730. *DJU*, 9 dez. 2003.
[214] BRASIL. Supremo Tribunal Federal. Súmula nº 724. *DJU*, 9 dez. 2003.

1.6 Imunidades aos livros, jornais, periódicos e papel destinado à sua impressão

São igualmente imunes a impostos, segundo disposto no art. 150, inciso VI, alínea "d" da CRFB/1988: "os livros, jornais e periódicos e o papel destinado a sua impressão".[215]

A Constituição pretendeu, ao mesmo tempo, garantir a liberdade de comunicação e de pensamento, compreendida a liberdade de imprensa, e facilitar a difusão da cultura e a própria educação do povo, acreditando-se que a nação brasileira só se desenvolverá quando todos tiverem real acesso à educação, à informação e à cultura.

No Brasil, todos podem manifestar livremente o próprio pensamento, seja pela palavra, seja pelo escrito, seja por quaisquer outros meios de comunicação. A liberdade de pensamento abrange, pois, todas as formas de comunicação entre pessoas, principalmente a escrita. Como vemos, a liberdade de pensamento é assegurada em sentido latíssimo, contemplando, destarte, qualquer meio idôneo a divulgá-lo.

Citamos o entendimento de Pontes de Miranda:

> Se falta liberdade de pensamento, todas as outras liberdades humanas estão sacrificadas, desde os fundamentos. Foram os alicerces mesmos que cederam. Todo o edifício tem de ruir. Dá-se a tentativa de fazer o homem parar: voltar ao infracultural, ou ao infra-humano. Todo Prometeu, que descubra o fogo, será punido. Como toda ordem vigente foi feita no passado, apertam-se as consciências para apequená-las ao tamanho, que era o delas, ao tempo em que a ordem vigente se criou, ou antes dela, por "força de queda" de toda regressão.

---

[215] Disponível em: <www.planalto.gov.br/ccivil_03/constituicao/constituicaocompilado.htm>. Acesso em: 23 jan. 2013.

Oportuno frisar o entendimento segundo o qual uma nação só se desenvolve quando a maior parte das pessoas tem acesso à educação, explicando o porquê de nossa Lei Maior dar meios materiais para que as pessoas possam divulgar suas ideias.

Assim, uma das fórmulas encontradas pelo constituinte foi justamente a de vedar a cobrança de qualquer imposto sobre o livro, o jornal, o periódico e o papel de imprensa. Essas imunidades não são apenas altamente louváveis, como também são necessárias ao perfeito funcionamento das instituições.

Para ajudar a resolver um dos problemas centrais do presente tema, nos valemos da grande lição do saudoso Aurélio Buarque de Holanda Ferreira para conceituar as palavras em nossa língua portuguesa: a saber, segundo seus ensinamentos, livro é uma "obra literária, científica ou artística que compõe, em regra, um volume".

Como se percebe, tal definição não traz o livro como, necessariamente, feito de papel e encadernado, como muito se imagina e ainda será debatido.

A definição de livro nasce, principalmente, da sua natureza de obra literária, científica ou artística, sendo, pois, independente, pelo menos para a conceituação extrajurídica, que seja impresso em papel.

Ao pesquisarmos o assunto, sob a visão e conceito de livro perante o mandamento constitucional, verificamos que muitos autores divergem quanto ao mesmo, tendo em vista que alguns entendem que os livros eletrônicos ou e-books não pertencem ao rol das imunidades, considerando que a Constituição, na mesma alínea em que trata dos livros, apresenta a nulidade sobre o papel para sua impressão. E essa expressão, segundo os adeptos dessa corrente, nega vigência à imunidade sobre os livros eletrônicos, posto que constou, explicitamente, "o papel para a sua impressão", e, por ser assim, seriam somente os impressos que abarcariam a imunidade em tela.

Conforme será explicitado a seguir, o STF ainda não enfrentou de forma definitiva a questão sobre os livros eletrônicos. Ainda que por muito tempo adepto da corrente restritiva,[216] a jurisprudência do STF evoluiu para admitir a aplicação da imunidade a alguns materiais correlatos ao papel, como filmes e papéis fotográficos. Manteve-se até o presente momento, contudo, fiel à concepção literal, entendendo que tais materiais seriam congêneres ao papel.

> Nesse sentido: AGRAVO REGIMENTAL EM RECURSO EXTRAORDINÁRIO. TRIBUTÁRIO. IMUNIDADE TRIBUTÁRIA DO ART. 150, VI, D, DA CF. ABRANGÊNCIA. IPMF. IMPOSSIBILIDADE. INTERPRETAÇÃO RESTRITIVA. AGRAVO IMPROVIDO. I O Supremo Tribunal Federal possui entendimento no sentido de que a imunidade tributária prevista no art. 150, VI, d, da Constituição Federal deve ser interpretada restritivamente e que seu alcance, tratando-se de insumos destinados à impressão de livros, jornais e periódicos, estende-se, exclusivamente, a materiais que se mostrem assimiláveis ao papel, abrangendo, por consequência, os filmes e papéis fotográficos. Precedentes. II A imunidade prevista no art. 150, VI, d, da Lei Maior não abrange as operações financeiras realizadas pela agravante. III Agravo regimental improvido (RE nº 504.615-AgR/SP, relator o Ministro Ricardo Lewandowski, Primeira Turma, *DJe*, 19 maio 2011).

Segundo Ricardo Lobo Torres, para se conceituar livro faz-se necessária a presença de duas características: a básica física

---

[216] A corrente restritiva da doutrina possui forte viés literal e concebe que a imunidade alcança somente aquilo que puder ser compreendido dentro da expressão papel destinado a sua impressão. Aqueles que defendem tal posicionamento aduzem que, ao tempo da elaboração da Constituição Federal, já existiam diversos outros meios de difusão de cultura e que o constituinte originário teria optado por contemplar o papel. Estender a benesse da norma imunizante importaria desvirtuar essa vontade expressa do constituinte originário.

constituída por impressão em papel e a finalidade espiritual de criação de bem cultural ou educativo. Assim, vemos que o autor nega o conceito de livro nos termos constitucionais aos livros eletrônicos, não sendo os mesmos, em seu entender, objetos da imunidade constitucional ora tratada.

Percebemos que a maioria da doutrina nacional apresenta entendimento divergente e aceita os livros eletrônicos como passíveis da imunidade ora analisada. Vejamos o entendimento trazido por Regina Helena Costa, citando grandes autores:

> Roque Carraza, dentre outros, entende que o livro deve ser visto como veículo de manifestação de ideias, de transmissão de pensamento; e, assim, irrelevante, para efeito de se determinar o tratamento fiscal a ele dispensado, se o mesmo é feito de papel ou se está contido em um disquete de computador. Segundo o mestre, para fins de imunidade, são considerados livros tanto os tradicionais quanto os seus sucedâneos.

Citamos as sábias palavras de Marco Aurélio Greco[217] sobre o tema em apreço:

> Em caráter meramente exemplificativo, um livro pode ser de papel, mas também pode ser de plástico ou de pano (vejam os livros infantis). Portanto, ser de papel ou pano (tipo de material ou suporte físico) é uma propriedade eliminável. Um livro pode ser lido com os olhos, mas também pode ser lido com os dedos se estiver escrito em linguagem braile; logo, ser captado imediatamente pelos olhos é propriedade eliminável. Livro tem tamanho manuseável, mas também, há livros de 5 milímetros

---

[217] GRECO, Marco Aurélio. Imunidade tributária. In: MARTINS, Silva (Coord.). *Imunidades tributárias*. s.l.: s.n., s.d.

ou de dois metros de altura; logo, ser manuseável ou ter um tamanho certo é propriedade eliminável. Leitura de livro pode independer de equipamento especial, mas um microlivro só pode ser lido com o uso de uma lupa, ou um livro em braile pode depender de um equipamento de leitura; logo, ser objeto que independa de equipamento especial para sua leitura é propriedade eliminável.

Mas o objeto, quaisquer que sejam suas demais características, que não se apresentar como uma obra (científica, literária etc.), assim como o objeto que não tiver partes sucessivamente dispostas de modo que sua leitura dependa de uma sequência de "páginas", não será um "livro" (folheto e cartaz não são livros). Estas são propriedades não elimináveis. Portanto, a essência retratada pela palavra "livro" é a de uma obra veiculada por um conjunto de "páginas" organizadas, entendidas como segmentos da obra integral.

Hugo de Brito Machado observa que a imunidade do livro, jornal ou periódico, e do papel destinado a sua impressão, há de ser entendida em seu sentido finalístico, qual seja, garantir a difusão das ideias. E que o caminho para que o direito cumpra seu papel na sociedade é a interpretação evolutiva, considerando os avanços no setor da informática.

O direito contemporâneo, por inúmeras vezes, se defronta com questões que envolvam altíssimo desenvolvimento tecnológico. Nesse sentido, cabe destacar a discussão acerca da imunidade tributária aplicada a livros eletrônicos ou e-books, no país. O próprio STF já reconheceu a repercussão geral da matéria no Recurso Extraordinário nº 330.817 (cujo relator é o ministro Dias Toffoli).

Ressalta-se que o recurso supramencionado está pendente de julgamento, entretanto, acreditamos ser interessante o breve conhecimento da questão suscitada em sede recursal.

O estado do Rio de Janeiro contesta a decisão da 11ª Câmara Cível do Tribunal de Justiça do Rio de Janeiro, que reconheceu em sede de Mandado de Segurança a imunidade relativa de ICMS na comercialização de livros eletrônicos (enciclopédia Jurídica). Segundo noticiado no próprio site do STF:

> No recurso ao STF, o Estado do Rio sustenta que o livro eletrônico é um meio de difusão de obras culturais distinto do livro impresso e que, por isso, não deve ter o benefício da imunidade, a exemplo de outros meios de comunicação que não são alcançados pelo dispositivo constitucional.
>
> Ao reconhecer a repercussão geral da questão tratada no recurso, o ministro Dias Toffoli afirmou que "sempre que se discute a aplicação de um benefício imunitório para determinados bens, sobressai a existência da repercussão geral da matéria, sob todo e qualquer enfoque" porque "a transcendência dos interesses que cercam o debate são visíveis tanto do ponto de vista jurídico quanto do econômico".
>
> O ministro lembrou que essa controvérsia é objeto de "acalorado debate" na doutrina e na jurisprudência e citou as duas correntes (restritiva ou extensiva) que se formaram a partir da interpretação da alínea "d" do inciso VI do artigo 150 da Constituição Federal. "A corrente restritiva possui um forte viés literal e concebe que a imunidade alcança somente aquilo que puder ser compreendido dentro da expressão 'papel destinado a sua impressão'. Aqueles que defendem tal posicionamento aduzem que, ao tempo da elaboração da Constituição Federal, já existiam diversos outros meios de difusão de cultura e que o constituinte originário teria optado por contemplar o papel. Estender a benesse da norma imunizante importaria em desvirtuar essa vontade expressa do constituinte originário", explicou.
>
> Já a concepção extensiva destaca que o foco da desoneração não é o suporte, mas sim a difusão de obras literárias, perió-

dicos e similares. "Em contraposição à corrente restritiva, os partidários da corrente extensiva sustentam que, segundo uma interpretação sistemática e teleológica do texto constitucional, a imunidade serviria para se conferir efetividade aos princípios da livre manifestação do pensamento e da livre expressão da atividade intelectual, artística, científica ou de comunicação, o que, em última análise, revelaria a intenção do legislador constituinte em difundir o livre acesso à cultura e à informação", acrescentou o relator.[218]

Das informações anteriores, podemos observar que o tema imunidade tributária é denso e que o posicionamento do STF será de grande importância para toda a sociedade, vez que a decisão poderá, em muito, contribuir para a produção científica.

1.6.1 Periódicos

Podemos dizer que periódicos são as revistas, técnicas, ilustrativas ou informativas, e os impressos que se editam repetidamente e com intervalos certos de tempo. Temos, pois, como característica principal, a periodicidade como o próprio nome já diz.

O conceito de periódicos deve ser entendido de forma mais ampla possível. O Supremo Tribunal Federal, em suas decisões, vem considerando até mesmo listas telefônicas como periódicos porque, além do requisito principal já alinhavado, as listas têm o condão de levar informação aos seus usuários.[219]

---

[218] Disponível em: <www.stf.jus.br>. Acesso em: 23 jan. 2013.
[219] RE Nº 101.441-5-RS - Recorrente: Guias Telefônicas do Brasil Ltda. - Recorrida: Prefeitura de Porto Alegre.
EMENTA: Imunidade tributária (art. 19, III, "d", da Constituição Federal. ISS - Listas Telefônicas)
A edição de listas telefônicas (catálogos ou guias) é imune ao ISS (art. 19, III, "d", da CF), mesmo que nelas haja publicidade paga. Se a norma constitucional visou facilitar

Ainda quanto à conceituação de livros, jornais e periódicos, necessário se faz ressaltar a problemática envolvendo os conteúdos dos mesmos.

Na doutrina nacional existe uma dubiedade de pensamentos quanto à aplicação da imunidade a determinados tipos de periódicos e jornais por possuírem conteúdos atípicos, considerados por alguns, obscenos, imorais, pornográficos etc.

De fato, quando da efetivação da imunidade, o constituinte o intuiu facilitar o acesso à informação dos cidadãos nacionais, inferindo maior liberdade de expressão possível, para que nenhum ente político pudesse coibir a atuação de determinados periódicos em função de críticas ao governo do mesmo, ou qualquer outro tipo de publicação que pudesse ser contrária aos interesses de alguém que exerce qualquer faculdade no poder.

Vale-se da história, que durante o Governo Vargas e a Ditadura Militar pós-64, jornais eram obrigados a publicar receitas de comida por serem impedidos de publicar matérias contrárias ao governo. Assim, a vedação de instituir tributos aos periódicos, livros e jornais é uma forma de coibir a intromissão do Estado na imprensa e no ideário dos cidadãos, possibilitando, assim, uma melhor apresentação de fatos e pensamentos, mesmo que estes prejudiquem "os poderosos".

---

a confecção, edição e distribuição do livro, do jornal e dos periódicos, imunizando-os ao tributo, assim como o próprio papel deste à sua impressão, é de se entender que não estão excluídos da imunidade os periódicos que cuidam apenas e tão-somente de informações genéricas ou específicas, sem caráter noticioso, discursivo, literário, poético ou filosófico, mas de inegável utilidade pública, como é o caso das listas telefônicas. IMPOSTO DE IMPORTAÇÃO - IPI - LISTA TELEFÔNICA - IMUNIDADE - 1. A imunidade prevista no art. 150, IV, "d", da Constituição Federal de 1988, é extensiva às listas telefônicas, enquadradas como periódicos pela jurisprudência dominante. 2. Reconhecida a imunidade constitucional, relativa ao imposto de importação e ao IPI, incidentes sobre a importação de papel utilizado na impressão de listas telefônicas. 3. Apelação e remessa oficial improvidas. BRASIL. Tribunal Regional Federal. Quarta Região. AMS n. 97.04.33005-7-PR. Primeira Turma. Relator: Juiz Fábio Bittencourt da Rosa. In: *DJU*, de 25 de março de 1998.

Citamos ainda o entendimento do professor Sacha Calmon Navarro Coelho,[220] quando nos diz da temeridade de se imputar qualquer restrição ao conteúdo das publicações, considerando que alguns não reconhecimentos de imunidade para determinados tipos de publicação receberiam a unanimidade da população. O problema aconteceria quando não existisse uniformidade de pensamento, onde haveria que se decidir sobre o certo e o errado, dando, pois, aos juízes e aos legisladores o poder para decotar um direito constitucional imprescritível e inalienável, o que é inconcebível.

Registramos, porém, que não são periódicos, para os fins desta alínea "d", os folhetos distribuídos pelas empresas para divulgação de seus produtos ou negócios.[221]

1.6.2 A IMUNIDADE DO PAPEL DE IMPRENSA E OUTROS "INSUMOS"

Necessário ainda se falar a respeito dos demais insumos concernentes à produção de livros, jornais e periódicos.

Há uma grande controvérsia, na doutrina e na jurisprudência, se a imunidade em tela se restringiria ao papel de imprensa, ou se também abrangeria outros insumos (componentes), como a tinta de impressão, os tipos gráficos, as máquinas impressoras etc.

Embora o texto constitucional fale única e exclusivamente do papel destinado à impressão como único insumo imune aos

---

[220] COÊLHO, Sacha Calmon Navarro. *Curso de direito tributário brasileiro*, 2002, op. cit., p. 293-298.
[221] Nesse sentido decidiu o STF: Encartes de propaganda distribuídos com jornais e periódicos. ISS. Art. 150,VI, *d*, da Constituição. Veículo publicitário que, em face de sua natureza propagandística, de exclusiva índole comercial, não pode ser considerado como destinado à cultura e à educação, razão pela qual não está abrangido pela imunidade de impostos prevista no dispositivo constitucional sob referência, a qual, ademais, não se estenderia, de qualquer forma, às empresas por eles responsáveis, no que concerne à renda bruta auferida pelo serviço prestado e ao lucro líquido obtido." (RE 213.094, Rel. Min. Ilmar Galvão, julgamento em 3-8-1999, Primeira Turma, *DJ* de 15-10-1999.) Disponível em: <www.stf.jus.br>. Acesso em: 23 jan. 2013.

impostos, vemos que aos poucos doutrina e jurisprudência vêm alargando a aplicação da imunidade em comento, abarcando outros insumos.

Para aqueles que entendem que a imunidade deve ser estendida, por exemplo, à tinta destinada à impressão dos livros, jornais e periódicos, o fundamento é o de que esse é um insumo imprescindível para a publicação daqueles. Vejamos o entendimento da decisão do Tribunal Regional Federal da Segunda Região sobre o tema:

> IMPOSTO DE IMPORTAÇÃO — IMUNIDADE — JORNAL — TINTA PARA IMPRESSÃO — A imunidade há de ser entendida dentro do critério da interpretação teleológica, ao revés da isenção, que se interpreta sob o prisma da literalidade estrita. Nesse sentido, a imunidade prevista no art. 150, item VI letra d, da Constituição Federal em favor dos livros, jornais, periódicos e do papel destinado à sua impressão há de alcançar a tinta destinada à sua impressão, desde que, na hipótese, tinta e papel são indissociáveis. Recurso provido para, reformando a sentença impugnada, conceder a segurança, autorizando o desembaraço de mercadoria importada, sem o recolhimento do imposto de importação.[222]

Em contrapartida, vemos que primeiramente o STF[223] firmou entendimento no sentido de conferir completa imunidade a todo e qualquer tipo de papel que venha a ser utilizado na produção de livros, jornais e periódicos, inclusive papel fotográfico. Cabe ressaltar que inicialmente o entendimento do STF se direcionou a conferir a imunidade somente ao papel, com

---

[222] BRASIL. Tribunal Regional Federal. Segunda Região. AMS n. 96.02.21983-1 — RJ. Segunda Turma. Relator: desembargador federal Sérgio Feltrin Corrêa. *DJU*, 18 jul. 2000.
[223] BRASIL. Supremo Tribunal Federal. Súmula nº 657. *DJU*, 9 dez. 2003.

o fundamento de que a CRFB/1988 traz como único insumo passível de imunidade o papel, que vem explicitamente citado na Carta Magna, o que não ocorre com os demais. Citemos a jurisprudência do STF que traduz tal entendimento:

> ICMS — INSUMOS PARA COMPOSIÇÃO DE JORNAL — IMUNIDADE TRIBUTÁRIA — Esta Corte já firmou o entendimento (a título exemplificativo, nos RREE 190.761, 174.476, 203.859, 204.234, 178.863 e 203.706) de que apenas os materiais relacionados com o papel — assim, papel fotográfico, inclusive para fotocomposição por laser, filmes fotográficos, sensibilizados, não impressionados, para imagens monocromáticas e papel para telefoto — estão abrangidos pela imunidade tributária prevista no art. 150, VI, d, da Constituição. No caso, trata-se de filmes fotográficos, sensibilizados, não impressionados, para imagens monocromáticas, a serem utilizados no processo de confecção de jornal, razão por que o acórdão recorrido, por tê-los como não abrangidos pela referida imunidade, e, portanto, não imunes ao ICMS, divergiu da jurisprudência desta Corte. Recurso extraordinário conhecido e provido.[224]

Não obstante a existência de grande divergência jurisprudencial sobre o tema, e do fato de o STF ter sedimentado entendimento de que não apenas o papel é objeto imune, existem limites para a extensão da imunidade, como podemos ver na decisão seguinte:

> TRIBUTÁRIO — IMUNIDADE — INSUMOS UTILIZADOS NA PRODUÇÃO DE JORNAIS — O STF firmou entendimento

---

[224] BRASIL. Supremo Tribunal Federal. RE nº 289.370-6-SP. Primeira Turma. Relator: ministro Moreira Alves. *DJU*, 1º jun. 200, *RET*, 20/21.

no sentido de que a imunidade prevista no art. 150, VI, d, CF, embora não se limite ao papel destinado à impressão de livros, jornais e periódicos, não alcança o produto de que se cuida na espécie (tiras plásticas para amarração de jornais).[225]

Assim, vemos que a jurisprudência a respeito do tema ainda é muito vacilante. Recentemente, outra decisão foi exarada no sentido contrário, de forma mais extensiva, vejamos:

> A imunidade tributária relativa a livros, jornais e periódicos é ampla, total, apanhando produto, maquinário e insumos. A referência, no preceito, a papel é exemplificativa, e não exaustiva." (RE 202.149, Rel. p/ o ac. Min. *Marco Aurélio*, julgamento em 26-4-2011, Primeira Turma, *DJe* de 11-10-2011.) *Em sentido contrário*: RE 324.600-AgR, Rel. Min. *Ellen Gracie*, julgamento em 3-9-2002, Primeira Turma, *DJ* de 25-10-2002. *Vide*: RE 178.863, Rel. Min. *Carlos Velloso*, julgamento em 25-3-1997, Segunda Turma, *DJ* de 30-5-1997. (Os grifos são do original)[226]

A doutrina não é diferente da jurisprudência. Juristas dos mais renomados possuem entendimentos diametralmente opostos a respeito do tema, capitaneando teorias e posicionamentos que em nada se assemelham.

Ricardo Lobo Torres[227] entende que apenas o papel destinado, exclusivamente, à impressão de livros, jornais e periódicos é que será imune ao imposto, negando, inclusive, a extensão do conceito de papel sustentada pelo STF.

---

[225] BRASIL. Supremo Tribunal Federal. AGRRE nº 208638. Primeira Turma. Relator: ministro Sepúlveda Pertence. *DJU*, 30 abr. 1999, p. 19.
[226] Disponível em: <www.stf.jus.br>. Acesso em: 23 jan. 2013.
[227] TORRES, Ricardo Lobo. *Tratado de direito constitucional financeiro e tributário*, 2005, op. cit., v. II, p. 295.

Com entendimento muito mais abrangente e oposto ao mencionado, o professor Hugo de Brito Machado traz o posicionamento conferindo imunidade a todos os insumos destinados a produção e publicação de livros, jornais e periódicos, inclusive máquinas, posição que é comungada por Regina Helena Costa.[228] Seu posicionamento leva em conta o sentido finalístico da norma, que, em seu entender, será mais bem aplicada quanto menor for o preço do produto e maior for a liberdade de pensamento e obtenção de informação. Ouso citar as palavras do nobre professor:

> Assim, a imunidade, para ser efetiva, abrange todo o material necessário à confecção do livro, do jornal ou do periódico. Não apenas o exemplar deste ou daquele, materialmente considerado, mas o conjunto. Por isto nenhum imposto pode incidir sobre qualquer insumo, ou mesmo sobre qualquer dos instrumentos, ou equipamentos, que sejam destinados exclusivamente à produção desses objetos.[229]

No caso em epígrafe, vemos que a imunidade teria o condão de facilitar ao máximo a liberdade de expressão e a oferta de informação, cultura e divertimento a toda a população em forma de leitura. Nesse passo, vemos que o constituinte inseriu a presente imunidade com o intuito não só de coibir o Estado de interferir no modo de pensar e de obtenção de informação da população.

Buscou também o barateamento da produção da informação escrita para que mais pessoas pudessem escrever e, principalmente, possam ler.

---

[228] COSTA, Regina Helena. *Imunidades tributárias*, 2001, op. cit., p. 192.
[229] MACHADO, Hugo de Brito. *Curso de direito tributário*, 2007, op. cit., p. 227.

Assim, deveria o objetivo precípuo da imunidade visar à diminuição com o custo da produção, mas, na prática, não é o que ocorre. No Brasil, não é necessariamente verdade, pois os livros e as revistas continuam caros apesar da imunidade. O fato de a imunidade ser ampliada não quer dizer, necessariamente, que os produtos ficarão mais baratos. Era o que se esperava, mas não é o que tem ocorrido no Brasil.

Não é qualquer papel que é abrangido pela imunidade em tela, mas tão somente o que se destina à impressão de livros, jornais e periódicos. As operações com papel inadequado à impressão (v.g., papel transparente) são perfeitamente tributáveis.

1.6.3 AS IMUNIDADES DOS FONOGRAMAS E VIDEOFONOGRAMAS MUSICAIS

Recentemente, por meio da Emenda Constitucional nº 75, de 15 de outubro de 2013, o legislador constituinte derivado acresceu a alínea "e" ao art. 150, inciso VI da CRFB/1988, prevendo a imunidade de fonogramas e videofonogramas musicais produzidos no Brasil, contendo obras musicais ou literomusicais de autores brasileiros, e/ou obras em geral interpretadas por artistas brasileiros, bem como os suportes materiais ou arquivos digitais que os contenham.

Vejamos, na íntegra, o texto da alínea "e" do art. 150, inciso VI:

> e) fonogramas e videofonogramas musicais produzidos no Brasil contendo obras musicais ou literomusicais de autores brasileiros e/ou obras em geral interpretadas por artistas brasileiros bem como os suportes materiais ou arquivos digitais que os contenham, salvo na etapa de replicação industrial de mídias ópticas de leitura a laser.[230]

---

[230] Disponível em: <www.planalto.gov.br/ccivil_03/constituicao/constituicaocompilado.htm>. Acesso em: 13 jan. 2014.

A chamada "PEC da Música" (PEC 98/2007) foi elaborada com a finalidade de proteger o produto musical pátrio, pois retira do cenário nacional a concorrência desleal e impraticável entre o produto original e o produto pirata.

Com essa nova garantia, não será possível a incidência do IPI, ICMS e do ISS sobre os CDs, DVDs, Blu-Rays e arquivos digitais contendo músicas criadas ou interpretadas por artistas brasileiros.

A imunidade tributária, prevista na EC nº 75, não alcança, no entanto, todo o ciclo da produção da cultura musical nacional, posto que se refere, tão somente, a mídias físicas (CD, DVD, Blu-Rays) que contenham obras musicais ou literomusicais de autores nacionais. Não retira a possibilidade de tributação do CD ou DVD que ainda não foram submetidos à gravação. Isso se justifica no fato de que a EC 75 protege a arte propriamente dita.

Da mesma forma, é admitida a incidência de impostos na etapa de replicação industrial ou de "prensagem", na fabricação dos discos a partir de uma matriz especial que contém os dados a serem reproduzidos. Será admissível, portanto, a incidência do IPI e do ICMS na saída de CDs, DVDs e Blu-Rays das fábricas que os produzem, observadas eventuais isenções, como as existentes na Zona Franca de Manaus.

Essa exceção não constava do texto original da proposta de emenda constitucional e foi inserida durante a sua tramitação visando especialmente à proteção da Zona Franca de Manaus, que já concedia o benefício fiscal nessa etapa industrial. Se a imunidade atingisse também essa fase, poderia ocorrer uma evasão das indústrias dessa região.

1.7 Outras imunidades

Discorremos a seguir sobre as imunidades gerais, ou seja, imunidades que alcançam todos ou vários impostos.

Cuidaremos de algumas imunidades específicas, ou seja, das que dizem respeito a um único imposto (ou exação que pode ser reconduzida a essa categoria tributária).

As imunidades específicas ou especiais são, geralmente, vedações de imposição de apenas um dos tipos de tributos a determinadas pessoas, estendidas a taxas e contribuições, sendo, pois, limitadas a determinados casos e, por isso, específicas.

1.7.1 A IMUNIDADE DO ART. 149, §2º, I, DA CRFB/1988

O art. 149, §2º, inciso I, da CRFB/1988[231] declara imunes as contribuições sociais e de intervenção no domínio econômico as receitas decorrentes de exportação (redação dada pela EC nº 33/2001).

1.7.2 A IMUNIDADE DO ART. 153, §3º, III, DA CRFB/1988

Por força do que dispõe o art. 153, §3º, inciso III, da CRFB/1988,[232] as exportações de produtos industrializados são imunes ao IPI.

O dispositivo consagra o princípio do destino (também chamado princípio do país do destino), que regula, no que tange aos tributos que a economia rotula indiretos, as operações internacionais de bens e serviços. De acordo com esse princípio,

---

[231] Constituição da República Federativa do Brasil de 1988: Art. 149. Compete exclusivamente à União instituir contribuições sociais, de intervenção no domínio econômico e de interesse das categorias profissionais ou econômicas, como instrumento de sua atuação nas respectivas áreas, observado o disposto nos arts. 146, III, e 150, I e III, e sem prejuízo do previsto no art. 195, §6º, relativamente às contribuições a que alude o dispositivo. §2º As contribuições sociais e de intervenção no domínio econômico de que trata o *caput* deste artigo: (Incluído pela Emenda Constitucional nº 33, de 2001) I — não incidirão sobre as receitas decorrentes de exportação; (Incluído pela Emenda Constitucional nº 33, de 2001).

[232] Constituição da República Federativa do Brasil de 1988: Art. 153. Compete à União instituir impostos sobre: §3º — O imposto previsto no inciso IV: III — não incidirá sobre produtos industrializados destinados ao exterior.

a transação internacional deve ser tributada apenas uma vez, no país importador, com a consequente exoneração das imposições sofridas no país de origem, justamente para que não haja uma "exportação do imposto".

1.7.3 A IMUNIDADE DO ART. 153, §4º, II, DA CRFB/1988

Nos termos do art. 153, §4º, inciso II, da CRFB/1988,[233] o imposto territorial rural (ITR) "[...] não incidirá sobre pequenas glebas rurais, definidas em lei, quando as explore, só ou com sua família, o proprietário que não possua outro imóvel".[234] O tema encontra-se regulamentado na Lei nº. 9.396/1996.[235]

O benefício constitucional em tela alcança apenas o proprietário da pequena gleba rural que não possua outro imóvel (rural ou urbano) e, só (isto é, sem empregados) ou com o concurso de sua família, o explore, isto é, o torne produtivo, nos termos do art. 2º da Lei nº. 9.393/1996.[236]

1.7.4 A IMUNIDADE DO ART. 155, §2º, INCISO X, ALÍNEA "A", DA CRFB/1988

A edição da Emenda Constitucional nº 42/2003 deu nova redação ao artigo 155, §2º, inciso X, alínea "a", estabelecendo que

---

[233] Constituição da República Federativa do Brasil de 1988: Ver art. 153, §4º O imposto previsto no inciso VI do *caput*: (Redação dada pela Emenda Constitucional nº 42, de 19.12.2003) II — não incidirá sobre pequenas glebas rurais, definidas em lei, quando as explore o proprietário que não possua outro imóvel; (Incluído pela Emenda Constitucional nº 42, de 19.12.2003).
[234]Disponível em:<www.planalto.gov.br/ccivil_03/constituicao/constituicaocompilado.htm>. Acesso em: 23 jan. 2013.
[235] A Lei nº. 9.9393/1996 dispõe sobre o Imposto sobre a Propriedade Territorial Rural (ITR), sobre pagamento da dívida representada por Títulos da Dívida Agrária e dá outras providências.
[236] Lei nº 9.393, de 19 de dezembro de 1996. Art. 2º Nos termos do art. 153, §4º, *in fine*, da Constituição, o imposto não incide sobre pequenas glebas rurais, quando as explore, só ou com sua família, o proprietário que não possua outro imóvel.

o ICMS não incidirá sobre "operações que destinem mercadorias para o exterior, nem sobre serviços prestados a destinatários no exterior, assegurada a manutenção e o aproveitamento do montante do imposto cobrado nas operações e prestações anteriores".

O constituinte derivado, além de alargar a amplitude da imunidade quanto às mercadorias — não mencionando somente os produtos industrializados —, também fez referência expressa, agora a serviços (o que não ocorria na redação primitiva de tal dispositivo).

1.7.4.1 A imunidade do art. 155, §2º, inciso X, alínea "b", da CRFB/1988

Segundo a Constituição,[237] o ICMS também não poderá incidir sobre "operações que destinem a outros Estados petróleo, inclusive lubrificantes, combustíveis líquidos e gasosos dele derivados, e energia elétrica".

Trata-se das operações interestaduais com energia elétrica e com petróleo e seus derivados — ao contrário das operações internas, isto é, que se realizam dentro do território de um único estado ou do Distrito Federal — são intributáveis por meio de ICMS.

1.7.4.2 A imunidade do art. 155, §2º, inciso X, alínea "c", da CRFB/1988

O ouro, quando usado como ativo financeiro ou instrumento cambial, sujeita-se exclusivamente à incidência do imposto

---

[237] Constituição da República Federativa do Brasil de 1988: Art. 155. Compete aos Estados e ao Distrito Federal instituir impostos sobre: (Redação dada pela Emenda Constitucional nº 3, de 1993) X — não incidirá: b) sobre operações que destinem a outros Estados petróleo, inclusive lubrificantes, combustíveis líquidos e gasosos dele derivados, e energia elétrica.

sobre operações de crédito, câmbio e seguro, ou relativas a títulos ou valores mobiliários (IOF).[238] É o que determina o art. 153, §5º, da CRFB/1988.[239]

O IOF só pode ser exigido quando o ouro é objeto de aplicação financeira.[240] Em contrapartida, as operações com ele realizadas (quer em estado natural, quer depois de submetido a processo de industrialização), tendo por escopo a prática da mercancia, estão no campo de incidência do ICMS.

Logo, cabe ICMS (e não IOF) quando o ouro é posto *in commercium*, para, por exemplo, ser utilizado na fabricação de joias. Aí, sim, ele assume a natureza jurídica de mercadoria e, por via de consequência, as operações com ele realizadas passam a ser mercantis.

1.7.4.3 A imunidade do art. 155, §3º, da CRFB/1988

O §3º do art. 155 da Constituição Federal determina que, sobre as operações relativas a energia elétrica, serviços de telecomunicações, derivados de petróleo, combustíveis e minerais do país, não poderá incidir "nenhum outro imposto" (redação dada pela EC nº 33/2001), além do ICMS e dos impostos sobre comércio exterior (impostos sobre a importação e a exportação).[241]

---

[238] Constituição da República Federativa do Brasil de 1988: Ver art. 155. X — não incidirá: c) sobre o ouro, nas hipóteses definidas no art. 153, §5º.

[239] Constituição da República Federativa do Brasil de 1988: Ver art. 153. §5º — O ouro, quando definido em lei como ativo financeiro ou instrumento cambial, sujeita-se exclusivamente à incidência do imposto de que trata o inciso V do "caput" deste artigo, devido na operação de origem; a alíquota mínima será de um por cento, assegurada a transferência do montante da arrecadação nos seguintes termos: (Vide Emenda Constitucional nº 3, de 1993).

[240] Sobre o tema, ver Constituição Federal de 1988, art. 153, §5º, Lei nº 7.766/1989, art. 1º, *caput*, §1º, art. 4º, parágrafo único, art. 8º, art. 9º, art. 10 e art. 12, Lei nº 11.196/2005, art. 70, II; Riof — Decreto nº 6.306/2007, art. 36, *caput*, §§1º a 4º, art. 37, art. 38, art. 39, art. 40, *caput*, §§1º a 3º e art. 47).

[241] Constituição da República Federativa do Brasil de 1988: Ver art. 155. §3º À exceção dos impostos de que tratam o inciso II do *caput* deste artigo e o art. 153, I e II, nenhum

Só para nos situarmos melhor no assunto, este tipo de imunidade — como leciona Aliomar Baleeiro — "protege objetivamente a coisa apta ao fim, sem referir-se à pessoa ou entidade".[242]

Não é preciso termos conhecimentos econômicos mais sólidos para sabermos que o consumidor final é quem sofre, pelo mecanismo dos preços, a transferência da carga financeira suportada em tais operações.

1.7.4.4 A imunidade do art. 156, inciso II, da CRFB/1988

Os municípios e o Distrito Federal, graças a esse dispositivo, não poderão exigir o ITBI sobre direitos reais de garantia, como é o caso das hipotecas e anticrese.[243]

1.7.4.5 A imunidade do art. 156, §2º, inciso I, da CRFB/1988

O ITBI também não poderá incidir

> sobre a transmissão de bens ou direitos incorporados ao patrimônio de pessoa jurídica em realização de capital, nem sobre a transmissão de bens ou direitos decorrentes de fusão, incorporação, cisão ou extinção de pessoa jurídica, salvo se, nesses casos, a atividade preponderante do adquirente for a compra e venda desses bens ou direitos, locação de bens imóveis ou arrendamento mercantil. (art. 156, §2º, inciso I, da CRFB/1988)

---

outro imposto poderá incidir sobre operações relativas a energia elétrica, serviços de telecomunicações, derivados de petróleo, combustíveis e minerais do País. (Redação dada pela Emenda Constitucional nº 33, de 2001).

[242] BALEEIRO, Aliomar. *Limitações constitucionais ao poder de tributar*, 1997, op. cit., p. 338.

[243] Constituição da República Federativa do Brasil de 1988: Art. 156. Compete aos Municípios instituir impostos sobre: II — transmissão "inter vivos", a qualquer título, por ato oneroso, de bens imóveis, por natureza ou acessão física, e de direitos reais sobre imóveis, exceto os de garantia, bem como cessão de direitos a sua aquisição.

1.7.4.6 A imunidade do art. 184, §5º, da CRFB/1988

São imunes a impostos federais, estaduais, municipais e distritais as operações de transferência de imóveis desapropriados para fins de reforma agrária (art. 184, §5º, da CRFB/1988).[244]

1.7.4.7 A imunidade do art. 195, §7º, da CRFB/1988

Estabelece o art. 195, §7º, da Constituição Federal: "§7º São isentas de contribuição para a seguridade social as entidades beneficentes de assistência social que atendam às exigências estabelecidas em lei".

1.7.4.8 As imunidades e os deveres tributários

As pessoas beneficiadas por imunidades tributárias não estão desobrigadas a cumprir deveres instrumentais tributários (obrigações acessórias).

Observe-se que as imunidades não dispensam o cumprimento dos deveres dependentes da obrigação principal (imune), ou dela consequentes.

Noutros termos, a relação jurídica tributária refere-se não só à obrigação tributária *stricto sensu* (obrigação tributária principal), como ao conjunto de deveres instrumentais (positivos ou negativos) que a viabilizam.

Pois bem, as imunidades são restritas à obrigação tributária principal; não aos deveres tributários a ela concernentes.

---

[244] Constituição da República Federativa do Brasil de 1988: Art. 184. Compete à União desapropriar por interesse social, para fins de reforma agrária, o imóvel rural que não esteja cumprindo sua função social, mediante prévia e justa indenização em títulos da dívida agrária, com cláusula de preservação do valor real, resgatáveis no prazo de até vinte anos, a partir do segundo ano de sua emissão, e cuja utilização será definida em lei. §5º — São isentas de impostos federais, estaduais e municipais as operações de transferência de imóveis desapropriados para fins de reforma agrária.

Segue-se, assim, que uma entidade imune pode perfeitamente ser compelida pela lei a escriturar livros, emitir faturas, fornecer declarações etc.[245]

Questões de automonitoramento

1. Após ler o material, você é capaz de resumir os casos geradores do capítulo 5, identificando as partes envolvidas, os problemas atinentes e as soluções cabíveis?
2. Resuma em poucas palavras a expressão que melhor define o conceito de imunidades tributárias.
3. A imunidade dos templos e instituições de educação e assistência alcança imóveis locados a terceiros?
4. A imunidade recíproca alcança sociedades de economia mista e empresas públicas?
5. Pense e descreva, mentalmente, outras alternativas para a solução dos casos geradores do capítulo 5.

---

[245] É o que, aliás, didaticamente proclama o art. 9º, §12, do CTN: "O disposto no inciso IV não exclui a atribuição, por lei, às entidades nele referidas, da condição de responsáveis pelos tributos que lhes caiba reter na fonte, e não as dispensa da prática de atos, previstos em lei, assecuratórios do cumprimento de obrigações tributárias por terceiros".

5

Sugestões de casos geradores

Princípio da isonomia/capacidade contributiva (cap. 1)

Escritório de advocacia com dois sócios e 10 empregados, com receita bruta anual de R$ 2 milhões, impetra Mandado de Segurança contra ato administrativo que lhe vedou a entrada no regime do Simples com base na legislação em vigor. Na inicial da ação, sustenta-se que é inconstitucional (por violação dos princípios de isonomia e capacidade contributiva) a norma legal que permite o ingresso de escritórios de contabilidade no regime do Simples e veda tal acesso a sociedades de advogados.

Após examinar cuidadosamente a legislação ordinária e os dispositivos constitucionais aplicáveis, bem como os acórdãos do STF que decidiram casos análogos, escreva um texto decidindo de maneira fundamentada e justificada, à luz da jurisprudência e da legislação aplicável, se a demanda do escritório de advocacia deve ser julgada procedente ou não.

Princípio da irretroatividade/princípio da anterioridade (cap. 2)

A CPMF foi introduzida no ordenamento jurídico brasileiro pela EC nº 12, de 15/08/1996, que atribuiu competência à União Federal para instituí-la, com prazo de vigência não superior a dois anos e arrecadação destinada integralmente ao financiamento das ações e serviços de saúde. A alíquota da CPMF não poderia ultrapassar a 0,25%. A instituição da contribuição foi levada a efeito pela Lei nº 9.311, de 24/10/1996. Nova previsão para cobrança da CPMF foi trazida pela EC nº 21, por mais 36 meses, com alíquota aumentada para 0,38% nos 12 primeiros meses e 0,30% nos 24 meses seguintes. Com a EC nº 31, de 31/12/2000, houve prorrogação da vigência até 17/06/2002, e depois até 31/12/2003 pela EC nº 37, de 12/06/2002. Por fim, a EC nº 42, de 2003 (*DOU*, 31 dez. 2003), prorrogou a vigência da CPMF até 31/12/2007, sem solução de continuidade na cobrança da contribuição. Em sua opinião, a prorrogação da CPMF importou violação ao princípio da anterioridade nonagesimal? A prorrogação, nesse caso, equivale à instituição do tributo?

Confisco, liberdade de tráfego, outros princípios (cap. 3)

Um estado da Federação altera lei que institui a taxa de expediente, passando a prever a cobrança das sociedades seguradoras beneficiadas pelo fornecimento dos dados cadastrais dos proprietários de veículos automotores para fins de cobrança do DPVAT (seguro obrigatório dos veículos). A lei estabelece que o valor da taxa de expediente será de R$ 10,00 por dados de cada veículo e seu custo não pode ser acrescido ao valor do DPVAT e não poderá ser repassado ao contribuinte do IPVA. Analisar a questão tendo em vista os princípios constitucionais tributários.

Imunidades (cap. 4)

Caso 1

O município de Alta de Bela Vista, localizado em Santa Catarina, adquire energia elétrica para iluminação pública de empresa concessionária situada na mesma localidade. A concessionária destaca o ICMS na nota fiscal e inclui no preço cobrado o imposto estadual incidente sobre o fornecimento da energia, o que onera os cofres municipais e reduz o patrimônio local disponível para a prestação de serviços públicos. Você foi contratado para prestar serviço de consultoria ao município de Alta de Bela Vista, que requer seu parecer quanto à aplicabilidade da imunidade de que trata o art. 150, inciso VI, alínea "a" da CRFB/1988, tendo em vista que a municipalidade suporta o encargo financeiro do tributo.

Caso 2

A Fazenda Pública do município de Salvador obteve a penhora do Cemitério Britânico de Salvador, pertencente à Igreja Anglicana, em virtude de uma alegada dívida de IPTU no valor de R$ 41.831,70, relativa aos anos de 1994 a 1996. O Tribunal de Justiça da Bahia (TJ-BA), que não reconheceu o direito de a instituição religiosa deixar de recolher o IPTU referente à área em que se localiza seu cemitério, fundamentou a decisão nos seguintes termos:

> [...] a imunidade prevista no artigo 150, VI, "b", da Constituição Federal (CRFB) de 1988 (que veda a tributação de templos religiosos), invocado pela igreja, não se aplica aos cemitérios, pois estes não podem ser equiparados a templos de culto algum, não sendo possível estender sua abrangência.

Você foi procurado para opinar se o cemitério deve ou não interpor recurso extraordinário ao STF. Quais os dispositivos constitucionais e os argumentos que você utilizaria para fundamentar o seu recurso?

Conclusão

Como ficou evidenciado, o direito tributário vai muito além da simples exigência dos impostos, que são apenas uma das diversas espécies de tributo existentes. O Código Tributário Nacional prevê expressamente o conceito de tributo de forma excludente, definindo-o como "toda prestação pecuniária compulsória, em moeda ou cujo valor nela se possa exprimir, que não constitua sanção de ato ilícito, instituída em lei e cobrada mediante atividade administrativa plenamente vinculada" e, em conjunto com o CTN, as leis (federais, estaduais ou municipais) conferem maior complexidade ao sistema.

No que concerne aos tributos, a CRFB/1988 dita as regras. Por exemplo, de acordo com o art. 150, inciso I, da Constituição, os tributos só podem ser instituídos ou majorados por lei. Diante da fundamentação constitucional no ramo direito tributário, asseverou-se aqui que certas pessoas não podem ser alvo de tributação em vista do manto da imunidade. As normas constitucionais, em alguns casos, fixam a incompetência dos entes políticos na tributação sobre determinadas pessoas, seja pela natureza jurídica que possuem, seja por realizarem certos fatos, ou ainda por estarem relacionadas a dados bens ou situações.

Como observado ao longo deste trabalho, o respeito a princípios, sejam eles explícitos (anterioridade e irretroatividade) ou implícitos, como é o caso do princípio da praticidade, norteiam não apenas a edição de novas leis, como também direcionam a interpretação da legislação já existente.

Verdade seja, o direito tributário, no Brasil, vem ganhando o interesse da sociedade quer seja pelo aumento das discussões jurídicas, quer seja pelas discussões políticas relacionadas, sendo certo que o grande embate da tributação está em achar um meio-termo equânime entre o poder de tributar e a obrigação de pagar tributos, de forma a impedir o brocado "*the power to tax [is] the power to destroy*".[246]

---

[246] "O poder de tributar é o poder de destruir" (tradução nossa). *Chief Justice* John Marshall no caso McCullock v. Maryland, em 1819.

Referências

AMARO, Luciano. *Direito tributário brasileiro*. 9. ed. São Paulo: Saraiva, 2003.

ATALIBA, Geraldo. *Hipótese de incidência tributária*. São Paulo: Revista dos Tribunais, 1973.

_____. Imunidade de instituições de educação e assistência. *RDT*, n. 55, p. 139, jan./mar. 1991.

_____. *Sistema tributário na Constituição de 1988*. RDT, ano III, n. 48, abr./jun. 1989.

ÁVILA, Humberto. *Teoria da igualdade tributária*. 2. ed. São Paulo: Malheiros, 2009.

_____. *Teoria dos princípios*: da definição à aplicação dos princípios jurídicos. 12. ed. São Paulo: Malheiros, 2011.

BALEEIRO, Aliomar. *Direito tributário brasileiro*. 11. ed. Rio de Janeiro: Forense. 2000.

_____. *Direito tributário brasileiro*. Rio de Janeiro: Forense, 2003.

_____. *Limitações constitucionais ao poder de tributar*. 7. ed. rev. e compl. à luz da Constituição de 1988 até a Emenda Constitucional nº 10/1996, por Misabel Abreu Machado Derzi. Rio de Janeiro: Forense, 1997.

BARRÊTO, Pedro Menezes Trindade (Coord.). *Curso de direito tributário brasileiro brasileiro*. 3. ed. São Paulo: Quartier Latin, 2010. v. 1.

BECKER, Alfredo Augusto. *Teoria geral do direito tributário*. 4. ed. São Paulo: Noeses, 2007.

BOMFIM, Diego Marcel. Reconsiderações sobre a neutralidade tributária. *Revista Dialética de Direito Tributário*, São Paulo, n. 197, 2012.

BONAVIDES, Paulo. *Curso de direito constitucional*. 12. ed. São Paulo: Malheiros, 2002.

BORGES, José Souto Maior. *Isenções tributárias*. São Paulo: Sugestões Literárias, 1969.

____. *Teoria geral da isenção tributária*. 3. ed. São Paulo: Malheiros, 2001.

BRANDÃO, Gian Miller. Artigo — Federal — 2003/0563. Imunidade de livros, jornais e periódicos.

CARRAZZA, Elizabeth Nazar. Imunidade de instituições de educação e assistência. *RDT*, n. 3, p. 170, jan./mar. 1978.

CARRAZZA, Roque Antonio. *Curso de direito constitucional tributário*. 15. ed. São Paulo: Melhoramentos, 2000.

____. *Curso de direito constitucional tributário*. 23. ed. São Paulo: Malheiros. 2006.

____. *Curso de direito constitucional tributário*. 25. ed. São Paulo: Malheiros, 2008.

CARVALHO, Paulo de Barros. *Curso de direito tributário*. 20. ed. São Paulo: Saraiva, 2008.

CERETTI, Carlo. *Diritto constituzionale italiano*. 7. ed. Torino: Utet, 1966.

COELHO, Inocêncio Mártires. Princípios da ordem econômica e financeira. In: MENDES, Gilmar Ferreira. *Curso de direito constitucional*. 4. ed. rev. e atual. São Paulo: Saraiva, 2009.

CÔELHO, Sacha Calmon Navarro. *Curso de direito tributário brasileiro.* Rio de Janeiro: Forense, 2006.

COSTA, Regina Helena. *Curso de direito tributário*: Constituição e Código Tributário Nacional. São Paulo: Saraiva, 2009.

_____. *Imunidades tributárias.* São Paulo: Malheiros, 2001.

CUNHA, Sérgio Sérvulo da. *Princípios constitucionais.* São Paulo: Saraiva, 2006.

CRETELLA JR., José. *Administração indireta brasileira.* Rio de Janeiro: Forense, 1980.

DA SILVA, José Afonso. *Curso de direito constitucional positivo.* 17. ed. São Paulo: Malheiros, 2000.

_____. *Curso de direito constitucional positivo.* 19. ed. São Paulo: Malheiros, 2001.

DERZI, Misabel Abreu Machado. O princípio da praticidade. In: TORRES, Ricardo Lobo; KATAOKA, Eduardo Takemi; GALDINO, Flavio (Org.). *Dicionário de princípios jurídicos.* Supervisão de Silvia Faber Torres. Rio de Janeiro: Elsevier, 2011.

DI PIETRO, Maria Sylvia Zanella. *Direito administrativo.* 16. ed. São Paulo: Atlas, 2003.

_____. Tributo e solidariedade social. In: GRECO, Marco Aurelio; GODOI, Marciano Seabra de (Coord.). *Solidariedade social e tributação.* São Paulo: Dialética, 2005, p. 141-167.

GODOI, Marciano Seabra de. *Crítica à jurisprudência atual do STF em matéria tributária.* São Paulo: Dialética, 2011.

_____. *Justiça, igualdade e direito tributário.* São Paulo: Dialética, 1999.

_____. *Questões atuais do direito tributário na jurisprudência do STF.* São Paulo: Dialética, 2006.

_____. Tributo e solidariedade social. In: GRECO, Marco Aurelio; _____ (Coord.). *Solidariedade social e tributação.* São Paulo: Dialética, 2005.

GRECO, Marco Aurélio. Imunidade tributária. In: MARTINS, Silva (Coord.). *Imunidades tributárias*. s.l.: s.n., s.d.

_____. *Planejamento tributário*. 2. ed. São Paulo: Dialética, 2008.

MACHADO, Hugo de Brito. *Comentários ao Código Tributário Nacional*. São Paulo: Atlas, 2004.

_____. *Curso de direito tributário*. 21. ed. rev. atual. e amp. São Paulo: Malheiros, 2002.

_____. *Os princípios jurídicos da tributação na Constituição de 1988*. 4. ed. São Paulo: Dialética, 2001.

_____. Tributo com efeito de confisco. *Revista Dialética de Direito Tributário*, São Paulo, n. 166, 2009.

MATTOS, Eloá Alves Ferreira de; MATTOS, Fernando Cesar Baptista de. Os sujeitos da obrigação tributária In: BARRETO, Pedro (Coord.). *Curso de direito tributário brasileiro*. 3. ed. São Paulo: Quartier Latin, 2010. v. 1.

MAURER, Hartmut. *Elementos de direito administrativo alemão*. Tradução de Luís Afonso Heck. Porto Alegre: Sergio Antonio Fabris, 2000.

MENDES, Gilmar Ferreira. *Curso de direito constitucional*. 4. ed. rev. e atual. São Paulo: Saraiva, 2009.

MURPHY, Liam; NAGEL, Thomas. *O mito da propriedade*: os impostos e a justiça. Tradução de Marcelo Brandão. São Paulo: Martins Fontes, 2005.

NABAIS, José Casalta. *O dever fundamental de pagar impostos*: contributo para a compreensão constitucional do estado fiscal contemporâneo. Coimbra: Almedina, 1998.

NOVELLI, Flavio Bauer. Anualidade e anterioridade da Constituição de 1988. *Revista de Direito Administrativo*, Rio de Janeiro, v. 179, n. 80, p. 19-50, jan./jun. 1990.

_____. O princípio da anualidade tributária. *Revista Forense*, n. 267, p. 75-94, 1979.

PAULSEN, Leandro. *Direito tributário*: Constituição e Código Tributário à luz da doutrina e da jurisprudência. 9. ed. rev. atual. Porto Alegre: Livraria do Advogado, 2007.

PINHEIRO, Ricardo. O STF e os benefícios fiscais inconstitucionais. *Valor Econômico*, 16 jun. 2011.

QUEIROZ, Luís César Souza de. *Sujeição passiva tributária*. Rio de Janeiro: Forense,1998.

RAGAZZO, Carlos Emmanuel Joppert. O princípio da livre concorrência. In: TORRES, Ricardo Lobo; KATAOKA, Eduardo Takemi; GALDINO, Flavio (Org.). *Dicionário de princípios jurídicos*. Supervisão de Silvia Faber Torres. Rio de Janeiro: Elsevier, 2011.

RIBEIRO, Ricardo Lodi. *A segurança jurídica do contribuinte*: legalidade, não surpresa e proteção à confiança legítima. Rio de Janeiro: Lumen Juris, 2008.

_____. *Limitações constitucionais ao poder de tributar*. Rio de Janeiro: Lumen Juris, 2010.

ROSA JR., Luiz Emygdio F. da. *Manual de direito financeiro e direito tributário*. São Paulo: Renovar, 2003.

SABBAG, Eduardo. *Manual de direito tributário*. São Paulo: Saraiva. 2012.

SILVA, Edgard Neves. *Curso de direito tributário*. Belém, Cejup, s.d.

SILVA, José Afonso. *Aplicabilidade das normas constitucionais*. 3. ed. São Paulo: Malheiros, 1998.

SOBRINHO, José Wilson Ferreira. *Imunidade tributária*. Porto Alegre: Sérgio Antônio Fabris, 1996.

SOUSA, Rubens Gomes. *Compêndio de legislação tributária*. São Paulo: Resenha Tributária, 1975.

TIPKE, Klaus; YAMASHITA, Douglas. *Justiça fiscal e princípio da capacidade contributiva*. São Paulo: Malheiros, 2002.

TORRES, Ricardo Lobo. *Curso de direito financeiro e tributário*. 11. ed. Rio de Janeiro: Renovar, 2004.

_____. *Curso de direito financeiro e tributário*. 16. ed. Rio de Janeiro: Renovar, 2009.

_____. *Tratado de direito constitucional financeiro*. 2. ed. Rio de Janeiro: Renovar, 2013. v. 2.

_____. *Tratado de direito constitucional financeiro e tributário*. Rio de Janeiro: Renovar, 1999. v. III.

_____. *Tratado de direito constitucional financeiro e tributário*. Os direitos humanos e a tributação: imunidades e isonomia. Rio de Janeiro: Renovar, 1999.

_____. *Tratado de direito constitucional financeiro e tributário*: valores e princípios constitucionais tributários. Rio de Janeiro: Renovar, 2005. v. II.

VELLOSO, Andrei Pitten. *O princípio da isonomia tributária*. Porto Alegre: Livraria do Advogado, 2010.

WEISS, Fernando Lemme. Princípios tributários. In: ROCHA, Sergio André (Coord.). *Curso de direito tributário*. São Paulo: Quartier Latin, 2011.

XAVIER, Alberto. *Anterioridade e irretroatividade*: dupla inconstitucionalidade. *Revista de Direito Tributário*, n. 40, p. 54, 1987.

Organizadores

Na contínua busca pelo aperfeiçoamento de nossos programas, o Programa de Educação Continuada da FGV DIREITO RIO adotou o modelo de sucesso atualmente utilizado nos demais cursos de pós-graduação da Fundação Getulio Vargas, no qual o material didático é entregue ao aluno em formato de pequenos manuais. O referido modelo oferece ao aluno um material didático padronizado, de fácil manuseio e graficamente apropriado, contendo a compilação dos temas que serão abordados em sala de aula durante a realização da disciplina.

A organização dos materiais didáticos da FGV DIREITO RIO tem por finalidade oferecer o conteúdo de preparação prévia de nossos alunos para um melhor aproveitamento das aulas, tornando-as mais práticas e participativas.

Joaquim Falcão – diretor da FGV DIREITO RIO

Doutor em educação pela Université de Génève. *Master of laws* (LL.M) pela Harvard University. Bacharel em direito pela Pontifícia Universidade Católica do Rio de Janeiro (PUC-Rio). Diretor da Escola de Direito do Rio de Janeiro da Fundação Getulio Vargas (FGV DIREITO RIO).

Sérgio Guerra – vice-diretor de pós-graduação da FGV DIREITO RIO

Pós-doutor em administração pública. Doutor e mestre em direito. Embaixador da Yale University no Brasil, onde foi *visiting researcher* na Yale Law School em 2014. Professor titular de direito administrativo, vice-diretor de ensino, pesquisa e pós-graduação e coordenador do mestrado em direito da regulação da FGV DIREITO RIO. Coordenador do curso International Business Law na University of California (Irvine). Editor da *Revista de Direito Administrativo* (RDA). Consultor jurídico da OAB/RJ (Comissão de Direito Administrativo).

Rafael Alves de Almeida – coordenador geral de pós-graduação da FGV DIREITO RIO

Coordenador geral do FGV Law Program da FGV DIREITO RIO. Doutor em políticas públicas, estratégias e desenvolvimento, pelo Instituto de Economia da Universidade Federal do Rio de Janeiro (UFRJ). *LL.M* em *international business law* pela London School of Economics and Political Science (LSE). Mestre em regulação e concorrência pela Universidade Candido Mendes (Ucam). Formado pela Escola da Magistratura do Estado do Rio de Janeiro (Emerj). Bacharel em direito pela UFRJ e em economia pela Ucam. Advogado. Coordenador do MBA Executivo em Gestão e Business Law – FGV Online. Membro do Conselho Diretor do Mediare – Diálogos e Processos Decisórios. Membro do corpo permanente de conciliadores e árbitros da Câmara FGV de Conciliação e Arbitragem. Membro efetivo da Comissão de Mediação da OAB-RJ. Membro da International Society for Ecological Economics e da Sociedade Brasileira de Economia Ecológica. Presidente da LSE Brazilian Alumni Association.

Colaboradores

Os cursos de pós-graduação da FGV DIREITO RIO foram realizados graças a um conjunto de pessoas que se empenhou para que eles fossem um sucesso. Nesse conjunto bastante heterogêneo, não poderíamos deixar de mencionar a contribuição especial de nossos professores e assistentes de pesquisa em compartilhar seu conhecimento sobre questões relevantes ao direito. A FGV DIREITO RIO conta com um corpo de professores altamente qualificado que acompanha os trabalhos produzidos pelos assistentes de pesquisa envolvidos em meios acadêmicos diversos, parceria que resulta em uma base didática coerente com os programas apresentados.

Nosso especial agradecimento aos colaboradores da FGV DIREITO RIO que participaram deste projeto:

Aline Couto Maio

Pós-graduada em processo do trabalho pela Universidade Veiga de Almeida (UVA). Graduada em direito pela UVA. Atua como advogada OI.

Ana Maria Cavalier Simonato

Mestre em direito pela Universidade Gama Filho (UGF). Pós-graduada em direito do consumidor pela Fundação Getulio Vargas (FGV); pós-graduada em direito e processo civil na Universidade Estácio de Sá (UES); pós-graduada em direito e processo do trabalho na Universidade Candido Mendes (Ucam); pós-graduada em gestão de varejos e serviços pela Universidade Veiga de Almeida (UVA). Atua como advogada, professora universitária, e assistente de pesquisa nos cursos de pós-graduação da FGV DIREITO RIO.

Andrea Veloso Correia

Bacharel em direito pela Universidade do Estado do Rio de Janeiro (Uerj). Procuradora do município do Rio de Janeiro. Professora de direito tributário e uma das coordenadoras da pós-graduação de direito tributário da FGV DIREITO RIO. Professora de direito tributário na Escola da Magistratura do Estado do Rio de Janeiro (Emerj).

Artur Diego Amorim Vieira

Doutorando em direito. Mestre em direito (2013). Servidor público municipal lotado na Procuradoria Geral do Município do Rio de Janeiro. Assistente de ensino e de pesquisa nos cursos de pós-graduação da FGV DIREITO RIO. Possui graduação em direito pela Universidade Cândido Mendes (Ucam). Tem experiência na área de direito, com ênfase em direito processual civil.

Bianca Ramos Xavier

Doutoranda em direito tributário na Pontifícia Universidade Católica de São Paulo (PUC-SP). Mestre em direito tributário pela Universidade Candido Mendes (Ucam). Sócia coordenadora do Setor Tributário da Siqueira Castro Advogados RJ. Diretora da Sociedade Brasileira de Direito Tributário (SBDT).

Diego Fernandes Ximenes

Mestrando em direito pela Universidade do Estado do Rio de Janeiro (Uerj) na linha "Finanças Públicas, Tributação e Desenvolvimento". Atua como assistente de ensino e de pesquisa nos cursos de pós-graduação da FGV DIREITO RIO. Bacharel em direito pela Faculdade Ideal (Faci). Advogado. Assessor jurídico da Secretaria de Estado de Fazenda do Rio de Janeiro.

Doris Canen

LL.M em tributação internacional pelo Kings College London. Pós-graduada em direito tributário pela FGV DIREITO RIO. Consultora sênior em tributação internacional na EY — correspondente do Brasil na IBFD (Amsterdã).

Eduardo Maccari Telles

Mestre em direito tributário pela Universidade Candido Mendes (Ucam). Procurador do Estado do Rio de Janeiro. Advogado no Rio de Janeiro, sócio de Tauil & Chequer Advogados Associados a Mayer Brown LLP. Coordenador e professor de direito tributário em cursos de pós-graduação da FGV DIREITO RIO. Professor de direito tributário em cursos de pós-graduação da Pontifícia Universidade Católica do Rio de Janeiro (PUC-Rio), da Universidade Candido Mendes (Ucam) e da Universidade Federal Fluminense (UFF), da Escola da Magistratura do Estado do Rio de Janeiro (Emerj) e do Instituto Brasileiro de Mercado de Capitais (Ibmec).

Leonardo de Andrade Costa

Coordenador da pós-graduação *lato sensu* em direito tributário da FGV DIREITO RIO. Professor da graduação e da pós-graduação da FGV DIREITO RIO. Mestre em direito econômico e financeiro por Harvard Law School, Cambridge, MA. International Tax Program/Universidade de São Paulo (USP). Pós-graduado *lato sensu* em contabilidade pela Escola de Pós-Graduação em Economia da Fundação Getulio Vargas (EPGE/FGV). Bacharel em economia e direito pela Pontifícia Universidade Católica do Rio de Janeiro (PUC-RJ). Auditor fiscal da Receita Estadual do Estado do Rio de Janeiro com atuação na área normativa da Superintendência de Tributação.

Lívia Ferreira

Mestre em direito constitucional pela Pontifícia Universidade Católica do Rio de Janeiro (PUC-RJ). Atualmente é assistente de pesquisa nos cursos de pós-graduação da FGV DIREITO RIO e também do projeto Supremo em Números na FGV DIREITO RIO.

Lycia Braz Moreira

Mestre em direito tributário pela Universidade Candido Mendes (Ucam). Especialista em direito tributário pelo Instituto Brasileiro de Estudos Tributários (Ibet). Bacharel em direito pela Universidade do Estado do Rio de Janeiro (Uerj). Coordenadora do curso de pós-graduação em direito tributário e do curso de extensão em direito processual tributário da Ucam. Professora dos cursos de pós-graduação em direito tributário da Fundação Getulio Vargas, da PUC-RJ e da Universidade Federal Fluminense (UFF). Professora licenciada de direito financeiro e tributário da Ucam.

Marciano Seabra de Godoi

Bacharel em direito (UFMG, 1994) e em economia (PUC-MG, 1995); mestre (UFMG, 1999) e doutor (Universidade Complutense de Madri, 2004) em direito tributário, com pós-doutorado (Bolsa Capes) em direito tributário realizado na Universidade Autônoma de Madri (2011-12). É professor dos cursos de graduação, mestrado e doutorado em Direito da PUC-MG, além de professor do LL.M em direito tributário da FGV DIREITO RIO. É advogado em Belo Horizonte e presidente do Instituto de Estudos Fiscais (IEFi).

Márcio Augusto de Castro Teixeira

Bacharel em direito pela Universidade Candido Mendes (Ucam, 2004). Aprovado no concurso público para auditor fiscal da Receita Estadual do Rio de Janeiro em 2009. Auditor fiscal da Receita Estadual.

Nilson Furtado

Mestre em direito público pela Universidade do Estado do Rio de Janeiro (Uerj). Exerceu os cargos de técnico do Tesouro Nacional (hoje denominado analista tributário da Receita Federal), procurador do Instituto Nacional do Seguro Social (INSS) e procurador da Fazenda Nacional, ocupando hoje o cargo de procurador do estado do Rio de Janeiro, atuando como chefe da Assessoria Jurídica da Secretaria de Fazenda do Estado do Rio de Janeiro. Atua também como advogado no Estado do Rio de Janeiro.

Pedro Rique Nepomuceno

Graduado em direito pela Universidade Federal do Rio de Janeiro (UFRJ, 2010).

Rafaela Monteiro Montenegro

Formada em direito pela Escola de Direito da Fundação Getulio Vargas (FGV DIREITO RIO). Atua como advogada na equipe tributária do Escritório Siqueira Castro Advogados.

Renata da Silva França

Pós-graduanda em estudos literários pela Universidade do Estado do Rio de Janeiro (Uerj). Graduada em letras, com habilitação em português e literatura de língua portuguesa. Atua como revisora do material didático dos cursos de extensão e especialização da FGV DIREITO RIO.

René Furtado Longo

Mestre em direito tributário, advogado e consultor jurídico atuante desde 2005. Sua experiência profissional inclui a consultaria fiscal e docência em cursos de MBA, LL.M e In Company da FGV, pós-graduação da Pontifícia Universidade Católica do Rio de Janeiro (PUC-RJ), além da atividade de professor na Escola da Magistratura do Estado do Rio de Janeiro (Emerj) e da Fundação Escola Superior de Defensoria Pública RJ (Fesudeperj). Autor de livros e artigos publicados no Brasil e exterior.

Semirames Khattar Mendes

Mestranda em direito público pela Universidade do Estado do Rio de Janeiro (Uerj). Formada em direito pela Uerj.

Thaíssa Affonso Valle

Mestranda em direito tributário pela Universidade do Estado do Rio de Janeiro (Uerj). Pós-graduada em direito tributário pela Fundação Getulio Vargas (RJ). Graduada em direito pela FGV (RJ). Pesquisadora do projeto "Custo Unitário do Processo de Execução Fiscal da União", Instituto de Pesquisa Econômica Aplicada (Ipea) e Conselho Nacional de Justiça (CNJ), 2010. Assistente de ensino e de pesquisa nos cursos de pós-graduação da FGV DIREITO RIO. Advogada do Setor Contencioso Tributário.

Impressão e acabamento:

Grupo SmartPrinter
Soluções em impressão